A VIDA É CURTA, QUE SEJA ÓTIMA!

DALE CARNEGIE

A VIDA É CURTA, QUE SEJA ÓTIMA!

Tradução
Sandra Martha Dolinsky

3ª edição

Rio de Janeiro | 2024

CIP-BRASIL. CATALOGAÇÃO NA PUBLICAÇÃO
SINDICATO NACIONAL DOS EDITORES DE LIVROS, RJ

C286v
3ª ed.

Carnegie, Dale, 1888-1955
 A vida é curta, que seja ótima! / Dale Carnegie ; tradução Sandra Martha Dolinsky. – 3ª ed. – Rio de Janeiro: BestSeller, 2024.

Tradução de : Life is short, make it great!
ISBN 978-65-5712-005-7

1. Sucesso – Aspectos psicológicos. 2. Autoconhecimento. 3. Técnicas de autoajuda. I. Dolinsky, Sandra Martha. II. Título.

20-65083

CDD: 158.1
CDU: 159.923.2

Camila Donis Hartmann – Bibliotecária – CRB-7/6472

Texto revisado segundo o Acordo Ortográfico da Língua Portuguesa de 1990.

Título original norte-americano
LIFE IS SHORT, MAKE IT GREAT!

Copyright © 2016 Dale Carnegie & Associates
All rights reserved by JMW Group, Inc. Exclusive worldwide rights in all
languages available only through JMW Group
jmwgroup@jmwgroup.net

Copyright da tradução © 2020 by Editora Best Seller Ltda.

Todos os direitos reservados. Proibida a reprodução,
no todo ou em parte, sem autorização prévia por escrito da editora,
sejam quais forem os meios empregados.

Direitos exclusivos de publicação em língua portuguesa para o Brasil
adquiridos pela
Editora Best Seller Ltda.
Rua Argentina, 171, 3º andar, São Cristóvão
Rio de Janeiro, RJ – 20921-380
que se reserva a propriedade literária desta tradução

Impresso no Brasil

ISBN 978-65-5712-005-7

Seja um leitor preferencial Record.
Cadastre-se no site www.record.com.br e receba informações sobre
nossos lançamentos e nossas promoções.

Atendimento e venda direta ao leitor
sac@record.com.br

Sumário

Prefácio 9

Parte 1: O que você quer? 13

CAPÍTULO UM
Uma vida ótima começa com uma visão pessoal 15

CAPÍTULO DOIS
Uma vida ótima significa viver de acordo com nossos valores mais importantes 24

CAPÍTULO TRÊS
Poder pessoal: encontre-o e mantenha-o 33

Parte 2: Cuidando de si em primeiro lugar 41

CAPÍTULO QUATRO
A beleza de uma vida equilibrada 43

CAPÍTULO CINCO
Uma vida ótima minimiza o estresse e a preocupação 51

CAPÍTULO SEIS
Esgotamento não tem espaço em uma vida ótima   65

CAPÍTULO SETE
Uma vida ótima começa com um corpo saudável   72

Parte 3: Lidando com os outros   87

CAPÍTULO OITO
Como desenvolver grandes habilidades interpessoais   89

CAPÍTULO NOVE
Carisma: o maior ingrediente para o sucesso   101

CAPÍTULO DEZ
Passe uma ótima primeira impressão   110

CAPÍTULO ONZE
Conhecer pessoas novas é essencial para uma vida ótima   119

CAPÍTULO DOZE
Uma vida ótima é transmitida através das gerações   128

CAPÍTULO TREZE
Encontre grande satisfação em contratar ou ser contratado   138

Parte 4: Enfrentando os desafios da vida   149

CAPÍTULO CATORZE
Para uma vida ótima, delegue!   151

CAPÍTULO QUINZE
Lidar com pessoas difíceis pode gerar
ótimos resultados   156

CAPÍTULO DEZESSEIS
Todo conflito pode ter uma ótima resolução   164

CAPÍTULO DEZESSETE
Manter a calma em meio a conflitos é um grande feito   169

CAPÍTULO DEZOITO
Emoções controladas são muito úteis   179

Parte 5: Desenvolva seu conjunto de habilidades   187

CAPÍTULO DEZENOVE
Ser multitarefa pode ser ótimo — quando funciona   189

CAPÍTULO VINTE
Foque na grandeza que você deseja   197

CAPÍTULO VINTE E UM
Organização para uma vida ótima   203

CAPÍTULO VINTE E DOIS
É ótimo conquistar amigos e influenciar pessoas   212

Apêndice A — Sobre Dale Carnegie & Associates, Inc.   217

Apêndice B — Princípios de Dale Carnegie   221

Prefácio

Acorde e viva! Seu destino *não* é ser infeliz, ser consumido pelo medo e pela preocupação, sofrer problemas de saúde, e se sentir rejeitado e inferior. Você tem em si o poder de enriquecer sua vida — o poder de superar as adversidades e alcançar felicidade, harmonia, saúde e prosperidade.

Se você está à beira da vida adulta ou já chegou nela, nunca é tarde para avaliar o que conquistou, o que gostaria de ter conquistado e o que pode conquistar nos próximos anos. Mesmo que sua vida até agora não tenha sido tão gratificante quanto esperava, independentemente de sua idade, você ainda pode tornar seu futuro não apenas melhor, como também realmente notável.

Neste livro, você aprenderá com os princípios estabelecidos por Dale Carnegie, ampliados por seus sucessores e aplicados pelos milhões de homens e mulheres que seguiram esses princípios, a programar sua maneira de agir de acordo com a variedade de situações que encontra na vida. Você aprenderá como diagnosticar seus pontos fortes e fracos, e como aprimorar os primeiros e superar os segundos.

Entre os aspectos do enriquecimento de vida que você adquirirá com este livro estão:

A vida é curta, que seja ótima!

- como equilibrar as principais áreas da vida: pessoal, familiar, profissional, atividades sociais e outras;
- como minimizar o estresse e a preocupação;
- como desenvolver um estilo de vida que priorize a saúde;
- como interagir com os outros de maneira mais eficaz;
- como se tornar uma pessoa carismática;
- como lidar com pessoas difíceis;
- como controlar suas emoções.

Além disso, existem muitas outras maneiras de controlar e aproveitar sua vida, conforme descrito no sumário.

Para que esses princípios funcionem, você precisa primeiro entender como lida atualmente com as vicissitudes da vida. Para ajudá-lo a identificar esses traços e a localizar suas necessidades especiais, você encontrará neste livro questionários autoaplicáveis para avaliar o que faz quando se depara com muitas dessas situações. Entre eles, estão:

- avaliação dos equilíbrios e desequilíbrios de sua vida;
- medição do estresse que você enfrenta e como lida com ele;
- análise de como você lida com a performance e com o progresso no seu trabalho e na sua carreira;
- teste de "quociente de carisma";
- avaliação de sua capacidade de ouvir;
- medição de sua "inteligência emocional";
- pontuação de suas habilidades ao lidar com os conflitos que enfrenta.

Prefácio

Os conselhos e sugestões apresentados aqui enriquecerão sua vida. Eles não são teóricos; não são sermões nem discursos filosóficos. Eles resultam de anos e anos de experiência de pessoas, como você, que os aplicaram e mudaram suas vidas, que passaram de uma existência mediana e medíocre a uma vida satisfatória, recompensadora, significativa, e, muitas vezes, emocionante.

Para transformar esta obra em algo maior do que apenas um livro que você lê e guarda em sua estante, é necessário desenvolver um plano para converter o que lê em etapas de ação. Ao ler cada capítulo, faça as autoavaliações, identifique os aspectos analisados e aplique-os à sua vida. Foque nos conceitos específicos para suas necessidades e elabore um plano para implementá-los. Isso é só o começo. Você precisa incorporá-los a seu estilo de vida. Revise seu plano periodicamente para evitar voltar aos velhos hábitos.

Agora, é a hora de começar.

Leia.

    Aprenda.

        Aplique.

Junte-se aos milhões de pessoas que, por meio dos ensinamentos de Dale Carnegie e de seus sucessores, superaram seus problemas e preocupações, transformaram seu estilo de vida e tornaram sua vida verdadeiramente ótima.

PARTE I

O QUE VOCÊ QUER?

CAPÍTULO UM

Uma vida ótima começa com uma visão pessoal

O dicionário — que, diferentemente do computador, é uma ferramenta essencial de liderança — contém várias definições da palavra "missão". A mais apropriada aqui é "propósito, razão de ser". A visão, por outro lado, é "uma imagem do futuro que procuramos criar" e [...] como pretendemos viver ao seguir nossa missão.

Peter M. Senge

Já ouvimos falar repetidamente sobre o poder de uma visão pessoal persuasiva. Ouvimos isso sempre dos principais palestrantes motivacionais, e é difícil encontrar um livro sobre autodesenvolvimento ou desenvolvimento organizacional que não ateste a importância de se criar uma visão assim. No entanto, frequentemente, nas plateias dos eventos de Dale Carnegie, menos de 10% responderá "sim" se perguntarmos se têm uma declaração concisa e por escrito de sua visão de futuro.

A vida é curta, que seja ótima!

Por quê? Sejamos sinceros: essa talvez seja a pergunta mais difícil de todas. *Que significado eu quero que minha vida tenha? Qual é o meu propósito?* Essas são questões que homens e mulheres enfrentam há séculos. No entanto, a importância de dedicar tempo, energia e esforço para encontrar e definir essa visão tão fundamental ainda permanece.

Então, o que obteremos com esse esforço? Por que nos preocuparmos com isso? O que essa visão nos ajudará a conquistar? A resposta é que conquistas duradouras e a verdadeira excelência são aspirações elevadas, com alto valor agregado. Como tal, não são fáceis de adquirir. Para obter essas *commodities* raras, é preciso estar disposto a enfrentar uma enorme quantidade de frustração, dificuldade e decepção. Para enfrentar tais adversidades, é necessário um futuro atraente e magnético, repleto de resultados desejáveis.

Visão vital, vida vital

Uma visão excitante e bem articulada pode contribuir com vitalidade e emoção a nossas atividades diárias. Uma visão apropriada nos ajuda a dar significado a nossas ações. Com frequência, sentimos que o que estamos fazendo em dado momento tem muito pouco a ver com quem somos e com o que estamos nos tornando. Uma visão, usada ao longo do tempo, *nos ajuda a eliminar as atividades que nos atrasam.*

Por fim, essa visão captura nossos pontos fortes, valores, crenças mais profundas e essa qualidade única que nos torna quem somos. É muito pessoal. Ela nos toca mais profundamente. E é comovente!

Uma vida ótima começa com uma visão pessoal

Esse processo transforma nossos sonhos e missão em realidade. Existem quatro passos principais para isso:

- definição de propósito/missão/visão;
- metas específicas e mensuráveis ao longo do caminho;
- hábitos que reforçam as metas e as conquistam;
- atividades que estabelecem e reforçam os hábitos.

Com um pouco de esforço diário, é possível avançar lenta, mas seguramente, em direção a nossa meta final e eliminar atividades desnecessárias. Isso nos permitirá encontrar mais realização e satisfação. Comecemos com o primeiro passo.

O que eu quero da vida?

Muitos livros têm sido dedicados a estabelecer distinções entre um propósito, uma missão e uma visão. Em termos práticos, os três se misturam para formar a força motriz de nossa vida. Eles podem e devem ser combinados em uma declaração concisa. Para nossos propósitos, vamos nos referir a isso como Declaração de Missão Pessoal.

O que torna uma Declaração de Missão Pessoal eficaz e por que se dar ao trabalho de colocá-la no papel? O processo de determinar nossa direção nos ajudará a desenvolver metas eficazes. Objetivos singulares, claros e específicos nos ajudam a tomar decisões melhores. Em última análise, nossas decisões pavimentam os caminhos que percorremos na vida. À medida que entendemos o que mais queremos e nos comprometemos com isso, fica mais claro quais decisões nos levam até lá. O processo de colocar isso no papel ajuda a esclarecer e nos obriga a responder verdadeiramente à pergunta fundamental: o que eu quero da vida?

Esse é um passo decisivo que devemos dar se considerarmos importante buscar um maior grau de excelência na vida. Uma missão dinâmica nos ajuda a fazer as alterações necessárias para realizá-la. Isso deve exercer uma atração magnética sobre nós, ajudando-nos a eliminar as atividades que nos desviam. A motivação flui de um objetivo emocionante na vida. Isso nos dá força, firmeza, tolerância e vontade de suportar sacrifícios e adversidades de curto prazo na busca de objetivos ou realizações maiores, e, por fim, da excelência.

Como reunimos nossa visão?

Não existe uma fórmula absoluta para encontrar um objetivo, mas pesquisas e entrevistas com indivíduos bem-sucedidos revelam as seguintes etapas:

1. Faça uma lista do que você mais gosta de fazer.
2. Faça uma lista de todas as suas conquistas e realizações significativas.
3. Imagine seu futuro daqui a vinte anos. O que você gostaria de fazer? Por quê?
4. O que você faz nesse futuro distante? Pergunte: "Como seria um dia típico neste futuro ideal?". Programe-o.
5. Em que você será diferente do que é agora?

6. Faça uma lista de pelo menos 25 crenças que você tem.
7. Faça uma lista de seus valores mais importantes.
8. Escreva claramente o que você quer que sejam suas três principais realizações na vida.
9. Escreva seu epitáfio. Como você quer ser lembrado?

Pensar e fazer essas listas nos ajudará a ver o futuro desejado com mais detalhes. Veremos padrões começarem a emergir.

Uma Declaração de Missão Pessoal em geral é apenas isso: pessoal. O que as outras pessoas pensam sobre isso não é tão importante. Devemos entender que a missão de cada um na vida é tão única quanto a nossa.

Uma declaração de missão pessoal deve:

- ser magnética e excitante;
- ser tentadora para o coração e a mente;
- capturar o que é único em nós;
- criar a visão de um futuro melhor do que a realidade de hoje;
- exibir nossos valores e crenças mais profundos.

Estes são cinco critérios absolutos. Leia a declaração com atenção. Ela é excitante? Ajuda a ver aonde você está indo? Ajudará você a enfrentar os inevitáveis conflitos, os sacrifícios e as escolhas difíceis? Não se surpreenda se levar tempo para fazê-la da maneira correta. Você saberá quando chegar lá. Vai parecer tudo certo se pedir ajuda a seu eu intuitivo.

A vida é curta, que seja ótima!

Metas/objetivos e prioridades

Metas fluem de nossa missão pessoal, são a sinalização no caminho da excelência. Elas são destinos que alcançamos e passamos à medida que avançamos em direção a nossa missão, a escada de degraus significativos que constroem o futuro que repousa sobre a missão. Devem ser cuidadosamente pensadas. Ao esclarecermos nossa missão pessoal, é fundamental dividi-la em várias áreas nas quais poderemos focar. Normalmente, as metas se enquadram nas seguintes categorias:

- família;
- vida social;
- vida financeira;
- carreira;
- saúde;
- espiritualidade;
- saúde mental;
- comunidade.

Ao estabelecer metas, é fundamental primeiro definir que tipo de pessoa precisamos nos tornar para trilhar o caminho rumo a nossa missão pessoal. O que precisamos aprender? O que precisa mudar em nós? Com frequência, ao estabelecer metas, focamos demais no que queremos e negligenciamos aquilo em que estamos nos tornando. A pessoa que somos estabelece o que conseguimos na vida. Dê atenção especial à definição de metas específicas de aperfeiçoamento que lhe permitirão alcançar suas metas mais depressa e sem esforço.

As metas precisam ser de longo e curto prazos. Comece com os objetivos de longo prazo. Veja sua Declaração de Missão Pessoal. Imagine-se lá. Quais são as conquistas significativas que você alcançou para cumprir sua meta? Analise todas as áreas dela. O que precisa ser feito para levá-lo a esse futuro emocionante? Responda a essas perguntas com cuidado e você terá um conjunto sólido de metas de longo prazo.

A magia dos hábitos

"Somos nós que forjamos as correntes que usamos na vida", escreveu Charles Dickens. A questão é: as correntes que forjamos estão nos limitando ou criando um vínculo com nosso futuro dinâmico? Aristóteles disse: "Primeiro, fazemos nossos hábitos; depois, nossos hábitos nos fazem". É absolutamente fundamental que qualquer pessoa que planeja seriamente alcançar a excelência preste muita atenção para criar bons hábitos e eliminar os ruins.

Os hábitos são nossos piores inimigos e nossos melhores amigos. Eles são impessoais, exigem disciplina para se estabelecerem e produzem resultados previsíveis. Isso vale tanto para um hábito desejável quanto para um indesejável. Acredite ou não, maus hábitos exigem tanto esforço para se estabelecer quanto os bons. Pagamos um preço por ambos. O que sugerimos é: faça dos hábitos que possui uma escolha consciente, e não uma realidade dada.

Os hábitos, antes de tudo, devem nos ajudar a alcançar nossos objetivos. Se, por exemplo, definirmos uma meta importante para melhorar nossa saúde e nosso condicionamento físico, precisaremos criar hábitos que reforcem essa meta. Talvez seja necessário estabelecer um hábito alimentar que inclua, pelo menos, duas frutas frescas por dia, ou um hábito de fazer exercícios que exija uma caminhada de 20 minutos por dia. Pode ser necessário interromper o hábito indesejável de comer chocolate. Uma vez que hábitos sólidos e congruentes com nossos objetivos forem estabelecidos, efetivamente estaremos no caminho do sucesso. Na verdade, acabaremos preferindo executar os novos hábitos, porque eles nos deixarão confortáveis e nos recompensarão com a satisfação de estarmos caminhando em direção a nosso futuro emocionante, ao invés de nos afastarmos dele. A excelência ocorre quando começamos a nos orgulhar desses hábitos, a realizá-los com habilidade e a curtir o processo!

Só dois hábitos de cada vez

Dê uma olhada em seus objetivos de longo prazo. Que hábitos a pessoa que você quer ser possui? Faça uma lista o mais longa possível. A seguir, faça uma lista de todos os maus hábitos que você possui agora e que terão que ser abandonados conforme você se tornar uma pessoa capaz de realizar seus objetivos de longo prazo. Assegure-se de que as listas estejam completas.

O próximo passo é priorizá-los. Quais novos hábitos devem ser estabelecidos primeiro e quais devem ser eliminados? Esse é um passo crítico. A experiência revela que é melhor adotar um ou dois hábitos por vez. Tentar abordar todos de uma vez, impulsivamente, leva inevitavelmente a mudanças e choques tão radicais que não seremos capazes de sustentar o esforço.

Determine uma maneira de acompanhar diariamente seu progresso na eliminação e no estabelecimento de hábitos. Talvez criar uma checklist em seu diário ajude, ou uma anotação em sua agenda seja suficiente como lembrete.

Tornando a coisa real

A etapa final desse processo é levar tudo para o dia a dia. Quais são as atividades que precisamos fazer hoje que nos levarão a esses hábitos, metas e, por fim, a nosso propósito? Essas vão entrar em nossa lista de tarefas diárias.

Primeiro, observe seus objetivos mensais. Pode parecer entediante no começo, mas é essencial analisar os objetivos mensais todos os dias antes de estabelecer as atividades diárias que precisam de atenção em nossa lista de tarefas. Os seres humanos tendem a fazer o que é visível, mas, infelizmente, o que é facilmente visível nem sempre é o mais importante. Aquilo a que as pessoas costumam dar atenção, em geral, não é o que as ajudará a alcançar seu objetivo de longo prazo. Precisamos tornar visíveis os fatores importantes da vida para que possamos focar neles.

Mais uma vez, evite a tendência de criar sua lista de tarefas diárias em função dos papéis jogados em sua mesa ou dos pedidos que recebe de outras pessoas. Crie-a com base em seus objetivos mensais, primeiro. Preencha o restante do tempo com as outras tarefas fundamentais. Estabeleça o hábito de revisar diariamente seus objetivos mensais e você estará marchando no caminho da excelência.

CAPÍTULO DOIS

Uma vida ótima significa viver de acordo com nossos valores mais importantes

Se você não está no processo de se tornar a pessoa que quer ser, está automaticamente ocupado em se tornar a pessoa que não quer ser.

Dale Carnegie

O caráter é determinado pelo que fazemos inconscientemente, habitualmente. Dizem que a construção do caráter sempre implica em *adicionar qualidades*, não subtrair. A adição de boas qualidades automaticamente dá conta dos aspectos negativos.

Greg S. Baker, pastor e escritor, conta a história de um jovem que estava sempre atrasado para as aulas da faculdade porque ficava apertando o botão de soneca do despertador. Para se curar, antes de cochilar de novo, ele passou a pôr o alarme para tocar em cinco minutos e pulava da cama assim que tocava. Ele fez isso uma dúzia de vezes. Até que não cochilou mais.

O reverendo Baker conta uma história semelhante sobre si mesmo. Ele sempre foi fechado e introvertido, o que não é bom

Uma vida ótima significa viver de acordo com nossos valores...

para um pastor. Então, ele se condicionou a cumprimentar todos *antes* que eles pudessem cumprimentá-lo. Isso nem sempre era fácil — pense em ter que cumprimentar pessoas muito extrovertidas. Às vezes, ele tinha que gritar no saguão para dizer "olá" primeiro, mas acabou sendo mais amigável com as pessoas e mais extrovertido, e nunca mais teve que pensar nisso de novo.

> *A gente não se liberta de velhos hábitos atirando-os pela janela; é preciso fazê-los descer a escada degrau por degrau.*
>
> Mark Twain

Viver segundo um código

Nossos valores determinam o que é bom e o que é ruim. Nossa ética determina como agimos em relação ao que é bom e ao que é ruim. A ética envolve um conjunto de padrões que nos dizem como devemos nos comportar. Nenhuma pessoa com caráter forte vive sem um código de ética.

Ética vai além de fazer o que *temos que fazer*. É fazer o que *deveríamos fazer*. Como agir de maneira honrosa às vezes implica não fazer o que queremos, a ética exige autocontrole. É um compromisso de fazer o que é certo, bom e honroso. Devemos nos perguntar se estamos dispostos a pagar o preço de fazer uma escolha antiética. Estamos dispostos a sacrificar nosso orgulho, integridade, reputação e honra fazendo essa escolha?

Como fazer o que é certo pode nos custar, em termos de amizade, dinheiro, prestígio ou prazer, mais do que queremos pagar, praticar a ética também exige coragem. Normalmente, o certo a se fazer não é o mais fácil, mas aprender a dizer "não" quando tivermos vontade de dizer "sim" cria caráter. Aprendemos o que é bom e ético com base nos modelos que temos na vida. Relações de confiança são o alicerce de todas as decisões éticas.

A melhor defesa contra lapsos éticos é comprometer-se antecipadamente a um conjunto de princípios éticos — um código pessoal próprio que define nossos padrões de certo e errado. Isso nos ajuda a resistir à tentação e se torna a base para a tomada de decisões eticamente corretas.

Não há limites para um código ético — pode ser uma frase simples ou conter muitos parágrafos de pensamento e intenção pessoais.

> *Do entendimento correto procede o pensamento correto; do pensamento correto procede o discurso correto; da fala correta procede a ação correta; da ação correta procede o modo de vida correto; do modo de vida correto procede o esforço correto; do esforço correto procede a consciência correta; da consciência correta procede a concentração correta; da concentração correta procede a sabedoria correta; da sabedoria correta procede a libertação correta.*
>
> O CAMINHO DA LIBERTAÇÃO DE BUDA

Ao estabelecer padrões éticos — digamos, em família —, devemos estabelecer limites razoáveis. As palavras-chave são *razoável* e *nítido*. Ninguém gosta de regras ou diretrizes vagas. Tenha um objetivo claro associado aos limites. Explique e reforce o *porquê* por trás do *quê*. "Porque eu estou dizendo" não funcionava quando éramos crianças e continua não funcionando agora. Comunique os limites de maneira positiva e mantenha o foco no que fazer, e não no que não fazer. Por exemplo, "Saiba guardar segredos" é uma sugestão positiva, muito melhor que "Não faça fofoca".

Dê aos outros a oportunidade de contribuir para o processo de definição de limites apropriados. As crianças são inteiramente capazes de estabelecer limites mais rígidos que os pais. Qualquer que seja sua origem, os limites devem ser impostos de maneira consistente e justa. Tenha a coragem de respeitá-los.

Autoavaliação ética

Todos nós gostamos de pensar o melhor de nós mesmos, mas, às vezes, é necessário observar de maneira mais crítica nosso comportamento no dia a dia. Estamos cumprindo expectativas em relação a nós mesmos, ou estamos cedendo? Compreender nosso comportamento e conhecer nossos limites pode nos ajudar a mudar a maneira como agimos.

Responda às perguntas a seguir da maneira que você provavelmente responderia, não da maneira que acha que deveria responder.

1. Você trabalha em período integral e lhe oferecem um projeto paralelo que lhe daria uma renda extra, mas seria um conflito de interesses com seu emprego. Você:

    a) Aceita a oferta porque sabe que ninguém descobrirá e não fará nenhum mal.

A vida é curta, que seja ótima!

    b) Precisa muito do dinheiro, de modo que aceita o projeto e faz o melhor para manter os dois trabalhos separados.

    c) Conversa sobre a oportunidade com seu chefe e ambos determinam se tudo bem aceitar.

2. Você sabe que seu amigo bebeu demais e vai dirigir de volta para casa. Você:

    a) Deixa-o ir, pois ele mora a poucos quilômetros de distância.

    b) Pergunta se ele está bem para dirigir e confia em seu julgamento.

    c) Insiste em chamar um táxi ou que alguém o leve para casa.

3. Você acabou de ganhar uma quantia substancial de dinheiro em um torneio de golfe. Nessa noite, você descobriu uma regra do jogo que lhe custaria o torneio. Ninguém testemunhou o erro. Você:

    a) Não diz nada, pois foi um erro honesto.

    b) Fica com vergonha de dizer qualquer coisa e jura que não fará de novo.

    c) Confessa e devolve o dinheiro.

4. Você leva sua filha de 12 anos ao cinema e percebe que há uma diferença de 4 reais entre o preço do ingresso de adultos e crianças. São consideradas crianças os menores de 11 anos. Você:

    a) Pede um ingresso de adulto e um de criança.

Uma vida ótima significa viver de acordo com nossos valores...

    b) Pergunta a sua filha o que ela acha que você deve fazer e faz o que ela sugere.
    c) Pega dois ingressos para adultos.

5. Seu amigo está copiando vídeos com direitos autorais para dar aos amigos. Você:

    a) Não diz nada, já que todo o mundo faz e ele não vai ganhar dinheiro com isso.
    b) Faz uma denúncia anônima para as autoridades.
    c) Diz a ele que isso é errado e sugere que ele pare.

6. Você tem restituição de despesas no trabalho e está entregando contas pessoais como se fossem da empresa. Um colega seu acabou de ser demitido por isso. Você:

    a) Promete parar.
    b) Não diz nada, mas descobre quanto cobrou indevidamente e paga sua dívida antes de cobrar qualquer outra despesa comercial legítima.
    c) Diz a seu supervisor o que fez, promete parar e pagar tudo.

7. Você e sua esposa estão jantando em um restaurante chique. Quando a conta chega, está faltando a garrafa de vinho cara que vocês beberam. Você:

    a) Paga a conta e deixa uma gorjeta normal, pois acha que a refeição e o vinho foram muito caros.
    b) Paga a conta como está, mas deixa uma gorjeta maior.
    c) Informa o garçom sobre o erro.

A vida é curta, que seja ótima!

Dale Carnegie aponta:

Se eu não confiar em você, não o considerarei crível nem o respeitarei. Se eu não o respeitar, não o considerarei crível ou digno de confiança.

De olhos bem abertos

A maioria das decisões do dia a dia não envolve necessariamente certo ou errado; ao contrário, envolvem prioridades, eficiência, planejamento e administração de recursos. Há também aquelas decisões que envolvem certo e errado dentro de nossos limites éticos. Essas situações são frequentemente urgentes, envolvem emoções e são complicadas. É muito fácil ficarmos cegos com a tentação. Muitas vezes, somos forçados a fazer escolhas éticas de uma maneira reativa.

Uma situação eticamente delicada é o pior momento para tentar determinar nossos padrões éticos. Temos que revisar as informações, prever consequências, levar os outros em conta e administrar nossas emoções, e, então, agir. As decisões éticas acontecem depressa, mas as consequências podem durar a vida toda. É por isso que é importante uma análise cuidadosa. Um código de ética pode ajudar, pois determina a direção a seguir na vida.

Dale Carnegie sugere o seguinte:

1. Pense no impacto da ação em todas as partes interessadas. As partes interessadas são as pessoas afetadas por uma decisão. Antes de fazer qualquer coisa, determine

Uma vida ótima significa viver de acordo com nossos valores...

quem provavelmente será ajudado ou prejudicado e evite ou reduza os danos. Boas perguntas a se fazer são: "E se os papéis fossem invertidos? Como eu me sentiria se estivesse no lugar de uma das partes interessadas?".

2. Nosso código de ética é nossa regra básica de vida. Pese escolhas e opções para determinar se elas atendem a seu código ético.
3. Nosso código de ética (confiança, respeito, responsabilidade, justiça, serviço comunitário) supera e anula as motivações antiéticas (dinheiro, poder, popularidade).
4. O longo prazo supera o curto prazo. Pergunte quais são as possíveis consequências de suas ações no curto e longo prazos.
5. Escolha a opção que produzirá o melhor. Se ainda não tiver certeza do que fazer, escolha a opção que produzirá o melhor para a maioria das pessoas. Para tomar decisões difíceis, elimine escolhas que não tenham nada a ver com valores éticos. A seguir, escolha a opção mais ética que sobrar.

> *Se você tem valores e padrões claros,*
> *é fácil tomar decisões.*
>
> Roy Disney

Preste atenção nas "mensagens de texto internas"

Assim como recebemos mensagens de texto que nos alertam sobre novas informações, uma comunicação importante ou sobre problemas, nossos instintos também nos enviam "mensagens de texto internas" em situações difíceis. Se prestarmos atenção, elas nos alertarão sobre possíveis problemas ou perigos éticos.

Podemos reconhecer essas mensagens internas por vários codinomes:

- ARO (A regra de ouro): trate os outros da maneira que deseja ser tratado.
- PDO (Pais de olho): gostaria que sua mãe, pai, avô ou parente favorito soubesse o que você disse ou fez?
- CV (Criança vendo): gostaria que seu filho soubesse o que você está dizendo ou fazendo?
- NPP (Notícia de primeira página): como sua escolha ficaria na primeira página de um jornal? Você é capaz de justificar clara e totalmente seu pensamento e sua escolha ética?
- FDC (Fim das contas): se, no fim das contas, uma grande parte da população fizesse o mesmo, seria uma coisa boa?
- QQQOPQ (Quem, o quê, quando, onde, por quê): que decisão ética você está enfrentando ou espera enfrentar? O que você vai fazer?

Os valores mais importantes são os que elevam o mundo a nossa volta. Dale Carnegie não deixou dúvidas sobre o valor da gravitação sempre em direção ao caminho mais gentil.

> *Não me importo com o que os outros pensam sobre o que eu faço, mas me importo muito com o que eu penso sobre o que faço. Isso é caráter.*
>
> THEODORE ROOSEVELT

CAPÍTULO TRÊS

Poder pessoal: encontre-o e mantenha-o

Mesmo um sapo tem quatro onças de força.

Provérbio chinês

Muitas vezes, perdemos a perspectiva porque deixamos de ver as coisas boas que levamos para uma situação estressante. Recursos pessoais como experiência, inteligência, diligência, bom senso e habilidades interpessoais são extremamente importantes para a criação de resultados positivos em tais situações. Quando focamos no negativo, mesmo quando se trata de nossos pontos fortes, talvez estejamos sendo vítimas daquela síndrome comum do "copo meio cheio ou copo meio vazio". Se observarmos as pessoas que conhecemos que constantemente veem o copo meio vazio, veremos que, em geral, seus copos não estão transbordando, não é?

A vida é curta, que seja ótima!

Um inventário patrimonial

Somar nossos recursos também é uma ocasião valiosa para realizar alguns inventários diretos. A maioria das pessoas costuma achar negativo o conceito de fazer um inventário, por ser um procedimento que gera ansiedade. Mas, quando usado como uma ferramenta em uma situação estressante, ajuda começar esse inventário com o que possuímos, o que levamos à mesa, e isso quase sempre inclui qualidades e atributos que negligenciamos, em nosso detrimento.

> *O interessante é a informação que é conhecida por outras pessoas, mas desconhecida para nós... Esses momentos de cegueira são raros e preciosos presentes. Eles machucam, talvez (a verdade costuma machucar), mas também instruem.*
>
> Marshall Goldsmith

Uma sugestão é pedir a um amigo bem objetivo e imparcial que nos ajude a listar nossos valiosos recursos. Tem que ser uma pessoa totalmente livre da tendência a agradar pessoas. Não deve ser um membro da família ou parceiro de nenhum tipo, mas, obviamente, deve ser uma pessoa que nos observa de perto, alguém que deixamos entrar em nossa vida. Vamos nos surpreender com os presentes — nossos presentes — que eles nos oferecerão. Nossa próxima tarefa será acreditar nessa lista e agir segundo ela.

Primeiro, acredite em si mesmo

Um aspecto importante da perspectiva mental é uma crença saudável em nós mesmos. Uma maneira de começar é recordarmos todas as conquistas que desfrutamos em nossa vida e os pontos fortes individuais que levamos para qualquer situação.

A recompensa complementar disso é que, se acreditarmos em nós mesmos, os outros acreditarão também. Dessa maneira, superamos a dúvida e avançamos constantemente.

> *Eu li e andei quilômetros à noite na praia, escrevendo versos ruins sem rima e procurando incessantemente alguém maravilhoso que saísse da escuridão e mudasse minha vida. Nunca me passou pela cabeça que essa pessoa pudesse ser eu.*
>
> ANNA QUINDLEN

A nossa volta, há um mundo fazendo seu melhor para nos fazer mudar. Muitas vezes, cooperamos com ele, em vez de respeitar nossa singularidade, nossa distinção. Não são apenas nossas impressões digitais que se destacam entre as de bilhões de outras pessoas. São nossas personas particulares, que são apenas nossas.

Pense naqueles que mudaram nossas paisagens da cultura, da política e até da culinária nas últimas décadas. A maioria se destacou por ter a coragem de acreditar em seus próprios estilos de fazer as coisas, muitas vezes em suas próprias excentricidades. Não foi fácil ser verde, talvez, mas pelo menos não eram bege.

A vida é curta, que seja ótima!

Autoconfiança, não autodefesa

> *Suas chances de sucesso em qualquer empreendimento sempre podem ser medidas por sua crença em si mesmo.*
>
> ROBERT COLLIER

Uma crença saudável em nós mesmos é um ingrediente essencial em uma vida ótima. Parece óbvio, mas, se acreditar em si mesmo fosse mais comum, o mundo seria diferente. Haveria menos pessoas tentando agradar, o que é apenas mais um sinônimo para mentir.

Reconhecemos a autoconfiança quando a vemos nos outros. De fato, é a qualidade das pessoas que mais nos agrada ter por perto, independentemente de a termos.

As pessoas que demonstram uma falta de crença em si mesmas não são humildes ou conscientes. Pelo contrário, são um fardo para os outros e tendem a ser ansiosas, talvez carentes e iradas. Por outro lado, a pessoa verdadeiramente realizada consigo mesma é confiável em situações sociais, familiares e de trabalho. Ela tem espírito livre o suficiente para se divertir, mesmo quando está trabalhando, e os outros podem contar com ela, pois é segura de si.

Sem máscaras para se esconder

As pessoas que acreditam em si mesmas também não usam máscaras.

Não ajam como um camaleão, nos fazendo adivinhar se são pessoas agradáveis ou não em um determinado momento ou se podemos confiar no que dizem e fazem.

A autoconfiança não deve ser confundida com autoengrandecimento, arrogância ou falta de humildade.

De fato, dizem que só demonstramos verdadeira humildade quando reconhecemos nosso valor, em vez de sempre julgar os outros mais importantes. As pessoas seguras não estão sempre em busca de elogios ou de respeito, por isso é mais fácil conviver com elas.

> *O que conquista o respeito deles, no fim, é se você é você mesmo. E se aquilo que você é representa o que eles querem se tornar.*
>
> James M. Kouzes,
> acadêmico em liderança

Outro exercício recomendado

Aprendemos muito sobre nós mesmos projetando nossa festa de aposentadoria. O que uma fantasia sobre um evento do futuro distante pode revelar sobre nosso carisma e poder pessoal agora? Imagine a festa e preencha as lacunas:

"Eu gostaria que os membros da minha família dissessem _____."

"Eu gostaria que os membros da minha equipe de trabalho ou funcionários dissessem _____."

"Eu gostaria que meus superiores dissessem _____."

A vida é curta, que seja ótima!

Agora, decida quais qualidades pessoais você pode melhorar nos próximos seis meses para garantir que essas pessoas, que o observaram de perto, tenham motivos para dizer as coisas mais gratificantes a seu respeito.

Dale Carnegie sugere seis maneiras de criar autoconfiança e poder pessoal:

- **Ter autoaceitação**

Ela vem de nossa capacidade de nos aceitarmos como seres humanos, focando em nossas qualidades positivas, forças e características únicas que nos tornam quem somos. Quando focamos nessas áreas, a confiança e a autoestima são influenciadas positivamente. É muito comum que as pessoas foquem em suas fraquezas, ao invés dos pontos fortes. Devemos ajudar a nós mesmos e aos outros a focar no positivo.

- **Ter respeito próprio**

A chave, aqui, é focar em nossos sucessos e realizações passadas e reconhecer o bem que fizemos. Quando passamos um tempo contemplando nossos sucessos, nossa perspectiva muda e o respeito próprio e a autoconfiança aumentam. Um exercício valioso é criar um "Inventário de sucesso", que seria uma lista dos sucessos e realizações que tivemos ao longo da vida.

- **Manter um diálogo interno**

Quando acrescentamos as duas categorias acima, criamos uma conversa interna baseada em evidências. O diálogo interno é simplesmente uma maneira de nos fazer lembrar daqueles atributos e realizações de que mais nos orgulhamos. É uma ferramenta para retomar o controle sobre a única coisa que podemos controlar: nosso pensamento.

- **Correr riscos**

Podemos enxergar as novas experiências como oportunidades para aprender e crescer. Ao correr riscos, expandimos nossa zona de conforto. Fazer isso nos abre para novas possibilidades e pode aumentar nossa autoaceitação e o respeito próprio.

- **Ser você mesmo**

Quando juntamos tudo isso, a autoconfiança e a autoestima aumentam, e é mais provável que sejamos nós mesmos. Nada destrói mais a autoconfiança do que invejar os outros e tentar imitá-los. Se aprendermos a aceitar e formos nosso eu único, as pessoas se sentirão atraídas por nós, e nosso senso de valor próprio aumentará ainda mais.

- **Criar um sistema de apoio**

Por mais autoconfiantes que sejamos, sempre haverá eventos e indivíduos que poderão destruir nossa autoconfiança. Pense nas pessoas que fazem você se sentir bem consigo mesmo e que emanam energia positiva. Quando estiver deprimido, procure o apoio dessas pessoas.

A vida é curta, que seja ótima!

Dale Carnegie sugere que escrevamos a nós mesmos uma breve conversa estimulante falando sobre três coisas de que mais nos orgulhamos e sobre um risco que correremos no futuro próximo.

PARTE II
Cuidando de si em primeiro lugar

CAPÍTULO QUATRO

A beleza de uma vida equilibrada

Felicidade não é uma questão de intensidade, mas de equilíbrio e ordem, ritmo e harmonia.

Thomas Merton

A maioria de nós aspira a viver uma vida equilibrada. Ou seja, preferimos gastar a quantidade adequada de tempo que cada área de nossa vida espera, simplesmente porque nos sentimos melhor assim. No entanto, muitas vezes sentimos que nossa vida perdeu o equilíbrio. Às vezes, isso se deve a uma causa relativamente temporária, como um acidente ou uma lesão, uma mudança de local de trabalho ou de casa. Em outros casos, sentir-se desequilibrado pode ser mais crônico. Sentimos isso dia após dia, mês após mês, ano após ano. Devemos examinar a importante questão do equilíbrio e analisar os níveis atuais de energia e tempo que estamos dedicando a cada área. Isso nos permite seguir um caminho que resultará em um maior senso de equilíbrio.

A vida é curta, que seja ótima!

Trabalho, família, saúde, comunidade, espiritualidade, vida pessoal, vida social e finanças são basicamente as principais áreas de nossa vida.

Para que lado estamos pendendo?

É aconselhável avaliar periodicamente nosso nível atual de satisfação com o grau de energia e tempo que dedicamos a essas várias áreas, e nos comprometermos com ações que propiciarão ainda mais equilíbrio a nossa vida.

O tempo gasto em nossa carreira muitas vezes vai além da semana normal de trabalho, especialmente em viagens ou no deslocamento, ou por levar trabalho para casa. A área da saúde compreende exercícios, dieta, aconselhamento psicológico e outras opções de estilo de vida.

Muitas vezes, é em nossas comunidades que podemos nos reequilibrar, contribuindo com algo que gostamos de fazer, como treinar algum time ou participar de um conselho. Também podemos nos reequilibrar focando na espiritualidade. Isso pode ser feito com atividades formais, como adoração ou estudo, ou com uma grande variedade de atividades, como ioga, meditação, tai chi, bem como retiros regulares.

Leve uma vida equilibrada: aprenda um pouco, pense um pouco... desenhe... pinte... cante... dance... brinque... trabalhe um pouco todos os dias.

Robert Fulghum

A beleza de uma vida equilibrada

Nossa vida, em geral, é como uma calçada coberta de gelo. Estamos de um lado e temos que andar até o outro, podendo escorregar e cair a qualquer momento. Dependendo de nosso grau de urgência saímos com cautela ou desembestados, torcendo pelo melhor. De qualquer forma, andando rápida ou lentamente, existe a possibilidade de escorregar e cair, se não mantivermos o equilíbrio.

Quando começamos a perder o equilíbrio, descobrimos que estamos gastando muito mais tempo do que havíamos planejado em uma área da vida e pouco nas outras. Essa condição pode evoluir com o tempo ou aparecer repentinamente por meio de uma mudança inesperada de eventos. Vejamos alguns eventos comuns que podem prejudicar o equilíbrio de nossa vida. Eles são, por assim dizer, nossas ruas externas cobertas de gelo, como:

- lesões ou doenças, mudança de emprego, rotatividade de funcionários, estresse por grandes projetos, uma catástrofe, como incêndio, enchente ou a morte de um ente querido, viagens, casamento ou divórcio, formaturas ou festas de casamento e problemas de relacionamento.

Há também as ruas internas cobertas de gelo, que talvez não sejam coisas tão óbvias, mas que podem deixar nossa vida desequilibrada. Dale Carnegie sugere que sejam estas:

- exaustão, procrastinação, autopiedade, má administração do tempo, críticas, recriminações, reclamações e falta de entusiasmo.

A vida é curta, que seja ótima!

Um pequeno teste de equilíbrio

Aqui vão algumas afirmações. Responda com verdadeiro ou falso.

- O trabalho me consome mais tempo do que eu gostaria.
- Raramente faço algo só para mim.
- Meus dias estão totalmente cheios de atividades.
- Não uso todas as minhas férias do trabalho e meus dias de folga.
- Gasto cada vez menos tempo com interesses e hobbies.
- Raramente vou a cinemas, shows, museus etc.
- Frequentemente perco eventos familiares importantes.
- Levo frequentemente trabalho para casa.
- Passo pouco tempo com os amigos.
- Estou cansado a maior parte do tempo.
- Ando mais irritado que o normal.
- Reclamo mais que o habitual.
- Não gosto tanto de meu trabalho como antes.
- Faço muitas coisas por senso de obrigação para com os outros.
- Sinto pouca realização no dia a dia.

Se você respondeu "verdadeiro" mais de três vezes, sua vida pode estar perdendo o equilíbrio.

"Noções básicas de equilíbrio" de Dale Carnegie

É aconselhável revisitar a clássica lista de princípios básicos de Dale Carnegie que promovem nosso equilíbrio na vida. A lista se intitula "Cultive uma atitude mental que lhe proporcione paz e felicidade", de seu best-seller atemporal, *Como evitar preocupações e começar a viver*.

1. Preencha sua mente com pensamentos de paz, coragem, saúde e esperança.
2. Nunca tente se vingar de seus inimigos.
3. Espere ingratidão dos outros.
4. Conte suas bênçãos, não seus problemas.
5. Não imite os outros.
6. Tente tirar proveito de suas perdas.
7. Crie felicidade para os outros.

> *Não há nada melhor e mais seguro que manter o equilíbrio em sua vida.*
>
> Eurípides (484 a.C.— 406 a.C.)

Ferramentas de reequilíbrio

Pense nos diferentes elementos de sua vida. Provavelmente se enquadram nas categorias carreira, finanças, saúde, família, vida social, vida pessoal, sua comunidade e sua vida espiritual. Se alguma delas estiver dominando sua vida ou sendo negligenciada, analise o que está sob seu controle para que você possa mudar suas prioridades e encontrar um equilíbrio que funcione.

Carreira: saia do trabalho no horário, peça cooperação para equilibrar sua vida e negocie uma mudança com seu empregador.

A vida é curta, que seja ótima!

Finanças (incluindo poupança, investimentos, redução de dívidas, compras e pagamento de contas): Resista à tentação de comprar as mais recentes inovações tecnológicas ou outras; organize suas finanças e reserve mais dinheiro para necessidades futuras.

Saúde (incluindo dieta, exercício, sono, bebida, fumo): vá dormir e levante-se à mesma hora todos os dias, faça exercícios três ou quatro vezes por semana e tenha uma alimentação adequada.

Família: em geral, é a primeira prioridade de nossa vida, embora outras áreas se sobreponham porque "ela sempre estará aqui". Programe um tempo de leitura em família, faça passeios em família e planeje uma refeição tradicional em família, todas as semanas no mesmo horário.

Vida social: pense em um grupo de pessoas que você gostaria de entreter ou em um velho amigo que não vê há algum tempo. Procure arranjar um tempo para se reunir com essas pessoas para jantar, ir ao cinema ou a um evento cultural, almoçar ou tomar um café.

Você: há algo que você goste de fazer e que não faz há muito tempo? Pode ser golfe, artesanato ou outro hobby, ouvir jazz ou cozinhar. Fazer algo de que goste propiciará em sua vida uma sensação muito maior de equilíbrio. Recompense-se todos os dias com pelo menos trinta minutos de tempo livre e desacelere.

Comunidade: não custa nada repetir, retribuir à nossa comunidade é uma maneira infalível de proporcionar equilíbrio à nossa vida. Isso nos dá uma forte sensação de doação, gratidão e abnegação. O que poderíamos retribuir à comunidade? Não precisamos dedicar uma quantidade enorme de tempo no início. Podemos começar de forma pequena e desenvolver nosso senso de propósito comunitário. Isso nos ajuda a desenvolver compaixão, paciência e tolerância com o próximo, dá sentido ao nosso tempo livre, se houver algum, e talvez lhe ofereça uma chance de retribuir em uma área na qual já recebeu muito.

Espiritualidade: às vezes, nós nos sentimos altamente conectados espiritualmente, e às vezes perdemos essa sensação. Qual é o compromisso que podemos assumir para propiciar mais equilíbrio a nossa vida espiritual? Pense em praticar a adoração, meditação, oração, encontros em grupo, retiros ou estudos. Existem muitas maneiras de revitalizar nossa vida espiritual. Tente manter uma atitude mental positiva, espere o inesperado e aprenda a rir das experiências da vida.

> *Ao lado do amor,*
> *o equilíbrio é a coisa mais importante.*
>
> JOHN WOODEN

Seja realista

Ter equilíbrio não significa dar fatias iguais da torta para cada área de nossa vida. O equilíbrio também aparece em nossa vida como realismo, bom senso. Por exemplo, passar um semestre ou mais em um conselho comunitário pode ser ativismo suficiente. Se andamos relaxados com o trabalho, talvez seja necessário imitar um *workaholic* até recuperar o tempo perdido. E nosso senso de equilíbrio também mudará com o tempo. Qualquer fator interno e externo pode influenciar a satisfação, em um dado momento, com a energia e o tempo que dedicamos a vários aspectos de nossa vida.

É impossível alcançar o equilíbrio perfeito em cada uma dessas áreas o tempo todo. Tentar isso seria... bem... desequilibrado.

O segredo é: quanta satisfação geral sentimos de verdade?

CAPÍTULO CINCO

Uma vida ótima minimiza o estresse e a preocupação

Preocupação são juros pagos antecipadamente.

WILLIAM INGE

Estresse é uma palavra muito familiar hoje em dia. Em algumas situações, é quase usada como medalha de honra. "Estou lidando com tanta coisa que estou estressado", ouvimos daqueles que talvez esperem que os outros fiquem impressionados com a quantidade de responsabilidade que lhes é confiada. Às vezes, achamos que reclamar do estresse nos faz parecer importantes, sendo que é mais que provável que pareçamos alguém que *quer parecer* importante. Afinal, o estresse não é muito produtivo.

Por que os atletas fazem massagens antes de jogar? A falta de massagem causa tensão e estresse? Não. As pesquisas mostraram que os músculos são mais fortes no campo quando estão relaxados, não tensos.

A vida é curta, que seja ótima!

Checklist do estresse

Existem maneiras de medir o estresse; aqui está uma. Pontuaremos de 1 a 5 ao analisar as seguintes afirmações:

1. Normalmente sou calmo em situações estressantes e preocupantes.
2. Outros me veem como capaz de manter a perspectiva sob estresse.
3. Não fico pensando em situações estressantes.
4. Dou um tempo quando estou estressado.
5. Não reajo exageradamente a más notícias.
6. Trato as pessoas da mesma forma estando estressado ou não.
7. Faço atividades físicas para liberar o estresse.
8. Tenho expectativas realistas acerca dos outros e de mim mesmo.
9. Peço ajuda quando preciso.
10. Durmo oito horas na maioria das noites.
11. Mantenho o senso de humor em situações estressantes.
12. Tenho amigos e colegas em quem confio e com quem posso ser honesto.
13. Lembro-me periodicamente de desacelerar.
14. Pratico técnicas de relaxamento, como respiração profunda, ioga ou meditação.
15. Foco em meus pontos fortes, não em minhas fraquezas.

Essa lista contém muitas pistas, não só sobre a identificação do estresse e comportamentos para minimizá-lo, como também sobre algumas práticas que, de maneira dramática — e frequentemente rápida —, nos libertam dessa doença destrutiva do século XXI.

Escolha um ponto de vista diferente

Uma situação é estressante quando automaticamente começa a ocupar cada vez mais nossos pensamentos. Sob estresse, nós nos tornamos mais irritadiços, menos cooperativos e mais distantes dos outros. A principal questão para determinar se podemos desestressar facilmente é responder à pergunta: quanto controle temos sobre o problema? Muitas vezes, concluímos sabiamente que não temos nenhum poder sobre ele e só podemos deixar correr.

Todos nós já nos sentimos muito estressados e preocupados com alguma situação um dia, e depois mais calmos e positivos um ou dois dias depois. Supondo que a situação tenha continuado a ser preocupante, a única coisa que mudou foi *nossa perspectiva*. Os fatores que determinam nossa perspectiva do estresse estão tanto dentro quanto fora de nosso controle.

O que pessoas inabaláveis fazem

Um estudo da Mayo Clinic sobre estresse descobriu que pessoas resilientes:

A vida é curta, que seja ótima!

- usam o humor;
- usam sua experiência como meio de aprender a enfrentar as coisas;
- mantêm uma perspectiva otimista/esperançosa;
- entendem e aceitam a mudança;
- estabelecem metas e trabalham focados nelas;
- fazem um autoexame;
- mantêm a autoestima.

Dale Carnegie recomenda manter nossa energia e espírito elevados para evitar a fadiga e a preocupação que frequentemente a acompanha. Ele sugere descansar antes que fiquemos cansados, aprender a relaxar mesmo quando estamos trabalhando, aplicar entusiasmo em nosso trabalho e não nos preocuparmos com a insônia. Bons hábitos de trabalho que podem evitar preocupações e estresse são:

- tirar da mesa todos os papéis, exceto os relacionados aos problemas imediatos a resolver;
- fazer as coisas segundo a ordem de importância;
- resolver um problema assim que surge, se existirem os fatos necessários para tomar uma decisão;
- aprender a organizar, delegar e supervisionar.

A fadiga transforma todos nós em covardes.

Vince Lombardi

Uma vida ótima minimiza o estresse e a preocupação

Questionando o estresse

Vamos manter o estresse em perspectiva, avaliando quantas situações estressantes da vida estão realmente fora de nosso controle, e, *portanto, não vale a pena que nos preocupemos*. Vale a pena destruir nossa paz tentando pôr um fim a uma guerra civil na Ásia que nem as Nações Unidas podem controlar? Ou sozinhos tentarmos diminuir a dívida nacional? Ou tentar mudar um adolescente determinado a fazer algo?

Pensar no que não podemos controlar, de qualquer maneira, leva-nos a uma perspectiva de desesperança.

É muito mais produtivo focar nas situações que podemos influenciar, pelo menos até certo ponto. Se não podemos mudar a personalidade ou o estilo de vida de um membro da família, podemos pelo menos mudar nossas reações.

Fontes de estresse no trabalho

Existem tantos tipos de estresse no trabalho todos os dias que a maioria de nós acha difícil acompanhar e enfrentar. Tentamos dar conta da carga de trabalho, das responsabilidades e expectativas que os outros têm sobre nós. Administramos isso segundo nosso nível de organização, disciplina e flexibilidade. Tentamos manter bons hábitos de trabalho e desempenho consistente, mas, ao mesmo tempo, sentimos a pressão do estresse relacionado ao trabalho, que inclui:

A vida é curta, que seja ótima!

- prazos;
- crises;
- exigências da família, filhos, clientes, fornecedores ou funcionários;
- reorganização/realocação;
- promoções, mudança de casa ou de cargo.

Redução do estresse por meio de novos hábitos de trabalho

O "trabalho" nem sempre é realizado em um escritório. Trabalhamos o dia inteiro em casa, no jardim, na garagem, cuidando das crianças, na cozinha. E em todas essas áreas, em geral empregamos hábitos obsoletos.

Podemos mudá-los, e assim, eliminar uma grande quantidade de estresse, aumentando nossas chances de uma vida ótima.

Qualquer pessoa pode ter hábitos improdutivos durante um tempo. Caímos em rotinas ineficientes, tornamo-nos cada vez menos organizados ou vivemos a deterioração de nossas atitudes profissionais. Com frequência, adotamos hábitos de trabalho improdutivos sem perceber. Com o tempo, nós nos sentimos à vontade com esses hábitos, e é difícil romper os padrões que estabelecemos.

Ao identificar nossas ineficiências e nos comprometermos com novos hábitos, podemos nos tornar mais produtivos e menos estressados no trabalho. Temos uma maior sensação de conquista à medida que obtemos mais controle sobre a administração de nosso tempo, nossas habilidades de organização e nossas atitudes.

Uma vida ótima minimiza o estresse e a preocupação

Autoavaliação dos hábitos de trabalho

Pontue em uma escala de 1 a 5, onde 1 significa que a afirmação não o descreve bem, e 5 que o descreve muito bem.

1. Eu administro bem meu tempo.					
2. Sou sistemático e organizado para realizar meu trabalho.					
3. Trabalho à frente dos prazos, não atrás deles.					
4. Adoto uma abordagem orientada para a equipe para administrar meu trabalho.					
5. Tenho uma área de trabalho organizada e limpa.					
6. Trabalho com uma programação diária, semanal e/ou mensal.					
7. Implico outras pessoas para me ajudar a gerir minha carga de trabalho.					
8. Mantenho registros de trabalho precisos e acessíveis.					
9. Consigo localizar facilmente os arquivos e material de trabalho necessários.					
10. Organizo minha área de trabalho e meu material antes de sair do trabalho.					

11. Mantenho meu foco no trabalho mesmo em situações de distração.					
12. Foco sistematicamente na solução de problemas.					
13. Lembro-me periodicamente de desacelerar.					
14. Fico "no agora" e não me preocupo com o passado ou o futuro					
15. Não deixo que críticas me incomodem.					

Hábitos de trabalho ineficientes que aumentam nosso estresse

Por mais desafiador que seja lidar com situações estressantes, em geral, aumentamos a tensão no local de trabalho com nossos maus hábitos. Às vezes, desenvolvemos esses hábitos involuntariamente. Podemos nem ter ciência de como nossos hábitos de trabalho afetam nosso desempenho e atitude. Vejamos alguns maus hábitos que aumentam o estresse no local de trabalho:

- desorganização;
- atrasos crônicos;
- procrastinação;
- falta de acompanhamento;
- cultivo de ressentimentos;
- resistência à mudança.

Uma vida ótima minimiza o estresse e a preocupação

Temos três áreas de oportunidade quando se trata de mudar nossos hábitos de trabalho e reduzir nosso estresse. A primeira é o uso do tempo. A segunda é a nossa capacidade de organizar o trabalho. A terceira oportunidade está em nosso controle de atitude. Examinar nossos hábitos de trabalho em cada área nos fornece uma base para melhorar nossas habilidades em cada categoria e substituir velhos hábitos por outros novos e mais produtivos.

> *A segunda metade da vida de um homem constitui-se de nada além dos hábitos que ele adquiriu durante a primeira metade.*
>
> Fiódor Dostoiévski

Gestão do tempo para reduzir o estresse

Um hábito que deve fundamentalmente ser enfrentado na redução do estresse no local de trabalho é o referente ao uso produtivo ou não do tempo. Como os seguintes hábitos positivos de trabalho se comparam aos nossos?

- **Chegar cedo**

Chegar cedo não tem desvantagem, nos dá tempo para organizar as ideias, nos preparar, e, consequentemente, ter a certeza de que causaremos uma melhor impressão em todas as situações. Além do mais, esse hábito de trabalho reduz o estresse.

A vida é curta, que seja ótima!

- **Realizar um planejamento diário**

Seja por meio de um software ou em papel, precisamos de um planejamento diário para assegurar o controle de todos os detalhes de nossos dias. O tempo gasto no planejamento reduz o gasto na execução, e o planejamento diário completo é uma ferramenta essencial para reduzir o estresse.

- **Ser presente**

Quantas vezes nos encontramos ou conversamos com pessoas e nossa cabeça está em outro lugar completamente afastado do assunto em questão? Estamos fisicamente presentes, mas mentalmente em um lugar totalmente diferente. Pode acreditar, essa distração, essa falta de presença pode aumentar nosso estresse.

- **Evitar a procrastinação**

Cada um é motivado de um jeito diferente. Temos que encontrar o que nos inspira e energiza para lidar com as questões do trabalho, em vez de adiá-las; comprometermo-nos com um cronograma regular de resultados e conclusão de projetos.

- **Definir prioridades**

Ninguém gosta de chegar ao fim do dia ou da semana com a sensação de que não realizou suas tarefas mais importantes. É menos estressante definir as prioridades e ater-se a elas que sentir que estamos cada vez mais atrasados com o trabalho.

- **Proteger nosso tempo particular**

Alguns hábitos de trabalho que provocam ansiedade, como levar trabalho para casa ou ficar até mais tarde no escritório, são mais exaustivos do que imaginamos. Às vezes, não é possível evitar violar nosso tempo pessoal com o trabalho, mas, se isso se tornar um hábito, começaremos a sentir que não temos vida fora do trabalho.

Reduzir o estresse com a organização

Uma segunda área crítica para reduzir o estresse no trabalho é a organização. Quais desses hábitos produtivos você utiliza na organização de seu trabalho?

- **Simplificar as coisas**

O que poderíamos começar a fazer, parar de fazer ou fazer diferentemente para simplificar a maneira como fazemos o que precisa ser feito? Muitas pessoas tornam seus compromissos mais complicados que o necessário, e uma abordagem mais simples as ajudaria.

- **Descartar atividades desnecessárias**

Faça uma lista de cada atividade de seu dia e semana, desde dirigir o carro até participar de reuniões. Quais atividades não são necessárias e podem ser descartadas? Tente abandonar essas atividades por uma semana ou um mês e acompanhe as mudanças nos resultados de produtividade.

- **Anotar as coisas**

Você tem um caderno ou agenda onde anota ideias à medida que surgem, compromissos à medida que os marca ou outras coisas importantes? Ficamos menos estressados quando sabemos que temos registradas informações importantes e que podemos recorrer a elas quando precisarmos mais tarde.

- **Criar e seguir pautas**

Uma área comum de desorganização do local de trabalho está na condução de reuniões, sejam individuais ou de um grupo maior. As pautas, especialmente quando enviadas com antecedência, tornam as reuniões mais organizadas e produtivas e ajudam a deixar os participantes mais confortáveis e confiantes.

- **Concluir uma tarefa antes de iniciar outra**

Uma das principais fontes de desorganização vem da excessiva prática multitarefa. Se focarmos em uma tarefa específica até sua conclusão, nós a terminaremos em muito menos tempo e estaremos muito mais organizados. Falaremos mais sobre multitarefa mais tarde.

Controle de atitude para reduzir o estresse

Nossa terceira oportunidade de criar hábitos menos estressantes diz respeito ao controle de atitudes. Quando controlamos nossas atitudes em relação às tarefas, todos os outros aspectos de nossa produtividade melhoram. Quantos deles estão entre seus hábitos de trabalho?

- **Conectar-se com outras pessoas e usar seus nomes**

É mais fácil ficarmos muito focados em nós mesmos que começar a sintonizar com os outros. Isso pode aumentar a sensação de isolamento e estresse. Do ponto de vista do estresse, é melhor estender a mão e cumprimentar os outros, saber seus nomes e talvez até fazer amigos no processo.

- **Deixar rolar**

Chega uma hora, no decorrer de nossos dias, em que reconhecemos que seria melhor relaxar e aceitar a ideia de que tudo pode não sair perfeitamente bem sempre. Quando estamos enfrentando muito estresse em uma situação, podemos nos perguntar: "Esse é um momento que eu deveria deixar rolar?".

- **Assumir o comando**

Nossas atitudes melhoram quando nos encarregamos de situações para garantir que algo seja feito. Podemos, no mínimo, cuidar de nossa própria carga de trabalho, relacionamentos e atitudes. Quando hesitamos ou procrastinamos para assumir o controle, na verdade, minamos nossa energia e tornamos nosso trabalho mais estressante do que deveria ser.

- **Manter a calma**

Faça o que for necessário: conte até dez, respire fundo, dê uma volta, faça uma curta meditação. É aconselhável que você foque em ficar calmo para evitar reagir exageradamente, atacar ou agir impulsivamente — o que só contribui para aumentar nosso nível de estresse.

- **Reconhecer a singularidade dos outros**

Por mais que às vezes achemos que gostaríamos, não é verdade que preferimos que todos sejam como nós. Seria chato. As diferenças de histórias de vida, perspectivas e estilos de trabalho tornam a vida mais interessante e vibrante, e não menos. Reconheça os pontos fortes dos outros.

CAPÍTULO SEIS

Esgotamento não tem espaço em uma vida ótima

O esgotamento ocorre em qualquer lugar, não está restrito ao local de trabalho, e há uma diferença entre um ou dois dias ruins e a exaustão real.

Muitas vezes temos dias em que nos sentimos sobrecarregados, entediados ou desvalorizados; quando o malabarismo que fazemos honrar todas as nossas responsabilidades não é percebido, e muito menos recompensado; e quando é necessária uma determinação sobre-humana para nos arrastarmos até o trabalho.

Mas o esgotamento no trabalho não é o mesmo que ser extremamente estressado no trabalho.

O esgotamento pode ser resultado de um estresse implacável, mas não é a mesma coisa que viver muito estresse. Quando estamos estressados nos preocupamos demais, mas quando estamos esgotados, não vemos nenhuma esperança de melhora. E não vamos querer chegar a esse ponto.

A vida é curta, que seja ótima!

Minha vela queima dos dois lados, não vai durar a noite inteira.

Edna St. Vicent Millay

Estresse *versus* esgotamento

O estresse, em geral, implica o *demais*: pressões demais que exigem muito de nós, física e psicologicamente. Quando estamos estressados, ainda conseguimos imaginar que se pudermos manter tudo sob controle, nos sentiremos melhor. Mas o esgotamento, por outro lado, tem a ver com *não o suficiente*. Ficar esgotado significa sentir-se vazio, desprovido de motivação e sem capacidade de se cuidar. As pessoas que sofrem de esgotamento, em geral, não veem nenhuma esperança de mudança positiva na situação que vivem. Se o estresse excessivo é como se afogar em responsabilidades, o esgotamento é como ser drenado.

ESTRESSE	ESGOTAMENTO
Caracterizado por excesso de engajamento	Caracterizado por desengajamento
As emoções são super-reativas	As emoções são embotadas
Produz urgência e hiperatividade	Produz desamparo e desesperança
Há perda de energia	Há perda de motivação, ideais e esperança
Pode levar a distúrbios de ansiedade	Pode levar a desapego e depressão
O dano primário é físico	O dano primário é emocional
Pode matar prematuramente	Pode fazer parecer que não vale a pena continuar vivendo

Medidas de prevenção do esgotamento

A maneira mais eficaz de evitar o esgotamento no trabalho é parar de fazer o que estamos fazendo e fazer outra coisa, seja mudar de função ou até de carreira. Para a maioria de nós, essa é uma medida extrema, e não uma opção viável ou escolhida. Faz mais sentido tomar consciência de nosso nível de estresse e sobrecarga que pode levar ao esgotamento para que possamos tomar algumas medidas preventivas.

Lembre-se, essas advertências podem ser ainda mais relevantes para quem trabalha por conta própria e acha que se esforçar demais é o melhor!

Algumas dessas medidas de prevenção do esgotamento são:

Esclarecer as expectativas de trabalho: atualize a descrição dos seus deveres e responsabilidades no trabalho. Conversando sobre isso antes, você pode apontar que algumas coisas que precisa fazer não fazem parte da descrição de seu cargo, e será vantajoso mostrar que está trabalhando além dos parâmetros de sua função.

Solicitar uma mudança: se você estiver enfrentando problemas e o local onde trabalha for bem grande, pode mudar para outro lugar, sala ou departamento. Uma mudança de cenário pode ajudar a obter uma nova perspectiva.

Pedir responsabilidades diferentes: se você faz exatamente o mesmo trabalho há um longo tempo, pode assumir outras responsabilidades sozinho, se não estiverem relacionadas ao trabalho, ou pedir a seus superiores para experimentar algo novo: um território de vendas diferente, outro projeto, outro cargo.

A vida é curta, que seja ótima!

Tirar uma folga: saia de férias, e peça uma licença temporária. Faça algo para se afastar da situação. Separe tempo para si mesmo fora do trabalho. Embora seja admirável ser um funcionário dedicado, ser um servo contratado da empresa o desgastará com o tempo. Quando o trabalho é sua vida, sua vida é trabalho, e o esgotamento se torna inevitável. Saiba quando se afastar do trabalho. Programe regularmente um tempo fora do trabalho por semana, de preferência dedicado a uma paixão ou hobby pessoal que elimine qualquer neblina de sua mente. Pesca, tricô, ginástica, leitura, pintura e jardinagem são apenas algumas maneiras de as pessoas se reequilibrarem fora do trabalho. Podemos usar o tempo restante para recarregar nossas baterias e ganhar perspectiva.

Fazer pausas regulares: a saúde mental está se tornando cada vez mais importante no local de trabalho, e cada vez mais empregadores estão reconhecendo a necessidade de seus funcionários fazerem pausas frequentes para manter a mente alerta. Se você é um empregador, permita a seus funcionários um intervalo de 15 minutos de manhã, um intervalo para almoço de 30 a 60 minutos (é recomendável que esse tempo seja usado fora do escritório) e mais um de 15 minutos antes do fim do dia. Você verá que suas baterias, ou de seus funcionários, estarão sempre com carga total.

Criar (ou sugerir) uma sala de descanso: as salas de descanso convencionais tendem a ser bem simples — máquina de café, água e as coisas normais e sem frescura, bastante deprimentes. Mas algumas empresas começaram a fugir disso, transformando as salas de descanso em breves fugas do trabalho, chegando a instalar televisores, mesas de jogos e videogames nelas. Um hospital em Rochester, Nova York, tem um Nintendo Wii na sala de descanso. Criar um ambiente para que os funcionários escapem brevemente por um tempo razoável ajudará bastante a evitar o esgotamento no trabalho. Se você for funcionário, tente sugerir uma sala de descanso convidativa assim para sua empresa.

Equilibrar vida e trabalho: o trabalho não pode ser o foco abrangente de sua vida — especialmente se você espera ter uma vida familiar feliz. Se você mora sozinho, com outra pessoa ou com uma família inteira — filhos e tudo o mais —, precisa administrar eficazmente seu tempo entre o trabalho e a casa. Quando for hora de bater o ponto, *bata o ponto*. Vá para casa, para sua família. Vá ao cinema com seu companheiro ou amigos. Dê a sua vida pessoal tanto tempo e atenção quanto a sua vida profissional. Caso contrário, você começará a ter problemas e frustrações em casa que afetarão sua vida profissional e farão com que se sinta esgotado.

Manter um estilo de vida saudável: dieta adequada, exercício, sono suficiente e beber água em vez de refrigerantes cheios de produtos químicos podem afetar drasticamente seu comportamento, mesmo no trabalho. Basta reservar 30 ou 40 minutos, três vezes por semana, para se exercitar e fazer um esforço maior para controlar sua dieta. Isso o beneficiará diretamente de inúmeras maneiras, e um estilo de vida positivo levará a uma experiência de trabalho mais positiva.

A vida é curta, que seja ótima!

Encontrando nossas "margens"

Em seu livro referência sobre estresse, *Margin: Restoring Emotional, Physical, Financial, and Time Reserves to Overloaded Lives*, o Dr. Richard Swenson escreveu: "Margem é o espaço entre nossa carga e nossos limites". Ele sugere que procuremos maneiras de colocar margens em nossa vida para aumentar reservas. A teoria dele é que não podemos continuar acrescentando estresse a nossa vida sem ter que retirar algo para fazer espaço para ele.

Assim como o espaço em branco e as margens de um livro facilitam sua leitura, o espaço em branco e as margens de nossa vida nos tornam mais flexíveis e abertos durante mudanças e estresse. Mas há outros movimentos sugeridos por Dale Carnegie: use o poder das "janelas".

Programar "janelas" é uma maneira eficaz de criar espaço para pensar e renovar. As janelas em uma agenda podem ser usadas para criar foco nos dias úteis ou para tirar uma folga do trabalho. Pessoas que vão ficando sobrecarregadas costumam achar que não podem abrir janelas na agenda por vários motivos.

Crie espaço deliberadamente

Quando estamos subindo a curva em direção à sobrecarga, é hora de ser agressivo na estratégia de evitar isso. As ideias a seguir são algumas das muitas que ajudam profissionais a evitar a sobrecarga e o esgotamento.

Aprenda a dizer "não": com as inúmeras escolhas que fazemos em um determinado momento, podemos assumir muitas coisas que não são significativas para nós. É importante estabelecer um perímetro em torno dos espaços pessoais de nossa vida. Cuidado com o excesso de trabalho. Muitas pessoas acham difícil dizer "não" no trabalho. Isso normalmente leva ao acúmulo de mais e mais carga cada vez que concordam em dar uma mãozinha aqui ou ali, ou que assumem um projeto paralelo ou algo semelhante. Ser membro de uma equipe é importante no mundo dos negócios, e ajudar seus colegas de vez em quando é uma maneira infalível de promover sua carreira. Mas, se não tiver cuidado, outros funcionários tirarão proveito de sua natureza generosa, e tudo que você receberá em troca será estresse por excesso de trabalho.

Simplifique sua vida em geral: dizem que usamos apenas 20% do que possuímos, mas fazemos questão de manter 100%.

Cultive o contentamento: Dale Carnegie disse: "Vamos encher nossa mente com pensamentos de paz, coragem, saúde e esperança, pois nossa vida é o que nossos pensamentos criam".

Diminua o ritmo, elimine a pressa: rápido é bom; mais rápido é bom; rápido demais não é legal. Quando estendemos nosso limite, aceleramos, sacrificamos a qualidade de nosso trabalho, estressamos a nós mesmos e aos outros ao redor.

Interesse-se pelas pessoas: nutra relacionamentos e cultive uma rede de amigos. Estudos mostram que ter bons amigos é um fator importante para uma vida longa e saudável.

CAPÍTULO SETE

Uma vida ótima começa com um corpo saudável

Vamos checar nosso limite de velocidade e... Desacelerar

Esse pode ser o elemento mais difícil de todos em nossa vida agitada, de ritmo acelerado. Desacelerar nos dá uma vida mais segura e, apesar do que diz a sociedade, uma vida mais produtiva. Ao diminuir a velocidade, temos menos chances de cometer erros e, normalmente, resultados mais completos e bem-sucedidos. Mais importante ainda, desacelerar restaura a perspectiva saudável mencionada anteriormente, é a chave para prevenir o estresse.

Os especialistas em gestão do estresse consideram a desaceleração o mais importante para aliviar o estresse, e oferecem algumas dicas. Desacelerar, hoje em dia, não é algo que ocorra naturalmente; é uma habilidade aprendida. Mas, quanto mais estresse surgir, mais precisaremos aprender a desacelerar.

Muitos não acham bom desacelerar. Acreditamos, no fundo, que, ao desacelerar, estamos sendo improdutivos. Essa ideia cria muita ansiedade. Por isso, continuamos nos esforçando cada vez mais, achando que, sacrificando todo o resto, estamos fazendo o certo. No entanto, muitos acabam sacrificando sua saúde física e até mental trabalhando dessa maneira, em vez de dar um passo de cada vez.

Não há tempo suficiente. Então, devemos ir devagar.

DITADO CHINÊS ANTIGO

Aprender a desacelerar em momentos de estresse exige tempo para fazer algumas mudanças na vida.

Primeiro, devemos nos dar permissão para desacelerar. Tudo que dizemos a nós mesmos é muito importante. Uma atitude apressada pode criar mais estresse e ansiedade que o necessário. Permita que sua atitude reflita aceitação e permita-se desacelerar sempre que possível.

Devemos dizer "não" a coisas que não constam em nossa lista de prioridades. Não só é aceitável dizer "não" às pessoas, como também não precisamos explicar. "Não" é uma frase completa. Explicar só leva a necessidade e expectativa de mais explicações.

Ao desacelerar, temos tempo para cheirar as rosas. Mas, para isso, precisamos nos lembrar de respirar! Dedique um tempo para agradecer pelas rosas e por todas as coisas e pessoas que esperam ser notadas todos os dias.

A vida é curta, que seja ótima!

Em vez de escalar uma montanha a toda velocidade sem parar e carregar muita bagagem, agora vamos escalar a montanha com a intenção de parar, descansar e apreciar o que vemos, talvez até tirar uma soneca. Chegamos ao cume porque aprendemos a equilibrar o estresse da vida. Faça de si mesmo a prioridade.

Uma das melhores maneiras de obter perspectiva sobre o estresse e a preocupação é ser saudável e seguir em frente! No entanto, quanto mais estressados estamos, maior a probabilidade de ignorarmos as necessidades básicas de nosso corpo.

Fazer pausas é mais produtivo

Muitas pessoas trabalham em projetos e continuam até terminar, sem fazer uma pausa. Mas parar é o que permite que a mente se refresque, relaxe e vá para outro lugar por um tempo. Levante-se, ande e deixe o corpo relaxar também. Muitas pessoas passam mais tempo sentadas do que dormindo. O corpo humano simplesmente não foi construído para ficar sentado o dia inteiro diante de uma mesa ou horas vegetando no sofá. Para evitar os riscos à saúde, precisamos não só de 30 minutos de exercício diários, mas também aproveitar todas as oportunidades para nos levantarmos durante o dia. Algumas pessoas colocam itens importantes — telefones, copiadoras, impressoras e cafeteiras — longe de sua mesa. Uma boa recomendação é usar um copo pequeno para beber água, tornando necessária uma longa caminhada para reabastecê-lo.

Levante-se, alongue-se e olhe pela janela para dar aos olhos uma visão agradável.

Respire fundo, diminua o ritmo da respiração

Lembra-se de que, quando criança, diziam a você para respirar fundo e contar até dez quando ficava irritado? Nossas avós sabiam do que estavam falando. É muito importante monitorar a maneira como respiramos. Sob estresse, em geral, as pessoas prendem a respiração ou fazem respirações superficiais e rápidas. Respiração superficial é sinal de corpo estressado.

A respiração profunda é uma técnica de *biofeedback* que comunica ao nosso corpo que vai ficar tudo bem. Comece inspirando e expirando, contando lentamente até três, depois quatro e depois cinco. Você sentirá o estresse desaparecer e a calma se estabelecer.

Dy'Ann Suares, que orienta seus clientes a níveis mais altos de conscientização, sugere o seguinte:

Nosso corpo entra e sai de estados contraídos, a todo o momento. Qualquer pessoa que deseje reduzir o estresse, melhorar sua clareza mental, diminuir qualquer tipo de dor, inclusive emocional e psicológica, pode começar com uma prática simples: respirar profundamente três vezes antes de se deitar e ao acordar pela manhã. Essa prática de atenção consciente na respiração cria um novo impulso e pode ser muito eficaz ao longo do tempo. A oxigenação do corpo também é essencial. Expirar toxinas ajuda o corpo a se renovar naturalmente.

Suares também recomenda respirar fundo toda vez que quisermos integrar novos níveis de entendimento. Quando não temos esse hábito, ficamos surpresos ao ver como a respiração regular, lenta, profunda e uniforme nos ajuda a centrar.

Quando inspiramos profundamente, alimentamos com o valioso oxigênio nosso sistema esgotado. A instantânea sensação de alívio pode ser bastante notável.

A vida é curta, que seja ótima!

Quando estamos em pé e respiramos profundamente, damos força a nossa postura, temos uma sensação de positividade ao abrir o peito — e, portanto, o coração — para os que estão a nossa volta.

Exercício respiratório: 5 minutos de relaxamento

- **Inspire**

Inspire devagar e profundamente, enchendo o peito de ar, contando mentalmente quatro segundos: "Um, *e* dois, *e* três, *e* quatro". A contagem serve para dar um ritmo agradável, fácil e uniforme à respiração. Tente inspirar o mais profundamente que puder, sem desconforto. Imagine seu peito lentamente se enchendo de ar, do diafragma ao pescoço.

- **Prenda a respiração**

Depois de inspirar profundamente, prenda a respiração por mais quatro segundos, contando de novo mentalmente: "Um, e dois, e três, e quatro". Deve ser uma pausa confortável. Não faça isso até ficar azul.

- **Expire**

Expire, mas não assopre. Deixe apenas o ar sair pela boca devagar, pensando "devagar... devagar... devagar... devagar". Deixe sair o máximo de ar possível, até do fundo dos pulmões. Sinta seu corpo relaxando. Sinta seus ombros, peito e diafragma se soltando. Ao expirar, pense na tensão que flui para fora de você.

Quem não dorme bem não está realmente sóbrio

Nosso tempo médio de sono é de 6, 9 horas nas noites da semana, o que significa que, gostando ou não, não pensamos tão claramente quanto poderíamos. Um estudo de David Dinges, chefe do Laboratório do Sono e Cronobiologia do hospital da Universidade da Pensilvânia, diz que o número mágico é 8 horas de sono por noite. Os participantes do teste que registraram 8 horas de sono por noite tiveram muito pouco ou nenhum lapso de atenção e nenhum declínio cognitivo ao longo das duas semanas do estudo de Dinges, mas os que tiveram apenas 6 horas de sono "foram tão prejudicados quanto aqueles que, em outro estudo, ficaram privados de sono por 24 horas seguidas — o equivalente cognitivo a estar "legalmente embriagado", informou o *New York Times*.

Há uma pequena parcela da população — Dinges estima que cerca de 5% ou menos — que, devido a razões genéticas, segundo pesquisadores, podem manter seu desempenho com 5 horas ou menos de sono, assim como também há uma pequena porcentagem que requer 9 ou 10 horas.

Coma comida saudável

Comida é o combustível que impulsiona nossa saúde, equilíbrio, energia e resistência. Há evidências de que muita pressão não destrói só o humor. Pessoas que estão sob estresse constante são mais vulneráveis a tudo, desde resfriados a pressão alta e doenças cardíacas. Existem muitas maneiras de lidar com isso, mas uma estratégia é comer alimentos que combatem o estresse. "Todo mundo sabe que comida é o combustível para o corpo, e quando estamos estressados", diz a Dra. Victoria Maizes, diretora executiva do Programa de Medicina Integrativa da Universidade do Arizona, "precisamos obter um combustível melhor".

Para ter o melhor desempenho físico e mental em situações estressantes precisamos fazer refeições saudáveis e que nos reabasteçam. A cada refeição, pergunte-se: "O que eu poderia fazer para tornar esta refeição mais saudável?".

Comida, nosso combustível

"Uma dieta prolongada pobre em nutrientes pode esgotar suas reservas de minerais e vitaminas", afirma Narmin Virani, nutricionista clínica do Instituto Benson-Henry de Medicina do Corpo e da Mente do Massachusetts General Hospital, em Boston. "Esses nutrientes ajudam bastante a superar situações estressantes. E, sem eles, as coisas ficam mais difíceis." Os alimentos não conseguem resolver o problema do estresse sozinhos, mas os especialistas concordam que uma boa nutrição é a chave para o problema. Os alimentos combatem o estresse de maneiras diferentes. Comida reconfortante, como a aveia, aumenta nossos níveis de serotonina, uma substância química do cérebro com efeito calmante. Outros alimentos reduzem o cortisol e a adrenalina, hormônios do estresse que causam danos com o passar do tempo.

Podemos começar cortando os piores agressores de nossas dietas, interrompendo, assim, o ciclo. Existem "alimentos poderosos" para substituir os agressores, e não são nada exóticos, difíceis de encontrar ou desagradáveis. Alguns podem nos surpreender por seu poder, pois podemos ingeri-los por puro prazer. Aqui estão apenas alguns capazes de combater o estresse:

- **Carboidratos complexos**

Os carboidratos complexos são alimentos que auxiliam no bem-estar e são digeridos mais lentamente. São encontrados em cereais integrais, alguns pães e massas e no tradicional mingau de aveia. Eles estabilizam os níveis de açúcar no sangue.

- **Carboidratos simples**

Em geral, somos advertidos contra carboidratos simples, que incluem refrigerantes e doces, mas sabe-se que eles podem aliviar a irritabilidade por um curto período. Como são digeridos depressa, os açúcares simples levam a picos de serotonina.

- **Chá preto e outras surpresas**

Pesquisas sugerem que beber uma xícara de chá preto pode ajudar a nos recuperar mais depressa de eventos estressantes.

Um estudo comparou pessoas que beberam quatro xícaras de chá diariamente por seis semanas com pessoas que tomaram um placebo semelhante ao chá. Os que beberam o verdadeiro chá relataram que se sentiram mais calmos e apresentaram níveis mais baixos de cortisol após situações estressantes.

O café, por outro lado, pode aumentar os níveis de cortisol.

Outras armas secretas antiestresse

O pistache pode amenizar o impacto que os hormônios do estresse exercem sobre o corpo. A adrenalina aumenta a pressão sanguínea e acelera o coração quando estamos sob estresse. Comer um punhado de pistache todos os dias pode diminuir a pressão sanguínea e, assim, ela não aumentará muito quando essa adrenalina chegar.

A laranja está na lista por ser rica em vitamina C. Estudos sugerem que essa vitamina pode reduzir os níveis de hormônios do estresse e, ao mesmo tempo, fortalecer o sistema imunológico. Se tiver que enfrentar um evento particularmente estressante, você pode ingerir suplementos. Em um estudo, a pressão arterial e os níveis de cortisol voltaram ao normal mais depressa quando as pessoas tomaram 3.000mg de vitamina C antes de uma tarefa estressante.

O magnésio contido no espinafre ajuda a regular os níveis de cortisol e tende a diminuí-los quando estamos sob pressão. Falta de magnésio pode desencadear dores de cabeça e fadiga, agravando os efeitos do estresse. Uma xícara de espinafre ajuda bastante a reabastecer o estoque de magnésio. Você não é de comer espinafre? Experimente um pouco de soja cozida ou um filé de salmão, também ricos em magnésio.

Para manter o cortisol e a adrenalina sob controle, alie-se aos peixes gordurosos. Os ácidos graxos ômega-3, encontrados em peixes como salmão e atum, podem prevenir aumento dos hormônios do estresse e proteger contra doenças cardíacas. Para obter um suprimento constante, tente comer 80g de peixe gordo pelo menos duas vezes por semana.

Uma das melhores maneiras de reduzir a pressão arterial é consumir potássio suficiente — e metade de um abacate tem mais potássio que uma banana de tamanho médio. O guacamole é uma alternativa nutritiva quando o estresse o fizer desejar comida de alto teor de gordura.

As amêndoas são cheias de vitaminas úteis. Têm vitamina E, que reforça o sistema imunológico, além de uma variedade de vitaminas do complexo B, que deixam o corpo mais resistente durante crises de estresse. Para obter seus benefícios, coma um quarto de xícara todos os dias.

Vegetais crus crocantes podem combater os efeitos do estresse de uma maneira puramente mecânica. Mastigar palitos de aipo ou cenoura ajuda a soltar uma mandíbula rígida, e isso pode evitar dores de cabeça causadas por tensão.

Carboidratos na hora de dormir podem acelerar a liberação de serotonina e promover um sono melhor. Mas refeições pesadas nesse horário podem provocar azia, portanto, escolha algo leve, como torradas com geleia.

A vida é curta, que seja ótima!

Meditar: vá direto ao seu centro

A Clínica Mayo recomenda meditação para aliviar o estresse, dizendo: "Se o estresse o deixa ansioso, tenso e preocupado, tente meditar. Passar alguns minutos em meditação pode restaurar sua calma e paz interior. Qualquer um pode praticar meditação. É simples e barato, e não requer nenhum equipamento especial. E você pode praticar meditação onde quer que esteja — pode ser passeando, andando de ônibus, esperando no consultório médico ou inclusive no meio de uma difícil reunião de negócios".

A meditação pode se tornar um método duradouro de manter a perspectiva. Quem pratica meditação regularmente descobre que é uma maneira calmante e centralizadora de recuperar a perspectiva. Temos sorte de a mediação ter se tornado popular e não ser mais considerada improdutiva, introvertida e contemplativa. A vida é fluida, um ambiente acelerado nos dias de hoje. Para tirar o máximo proveito disso, precisamos permanecer conectados ao nosso centro, o que requer solidão e silêncio.

Quando estamos sozinhos em meditação, podemos delinear os limites de onde nós acabamos e onde começam os outros.

Quando dizemos que "meditamos" sobre alguma coisa, queremos dizer que focaremos nisso até vermos sua essência, seu significado para nós. Milton Erickson disse que a meditação neutraliza os elementos da existência moderna que nos causam tanto estresse. A meditação mostra que os eventos de nossa vida são tão grandes ou tão pequenos quanto nós os fazemos. Permite-nos focar nos momentos da vida como eles realmente são, libertando-nos momentaneamente da neurose, obsessão e ansiedade. Chogyam Trungpa, o renomado monge tibetano, disse o seguinte:

Meditação é simplesmente a criação de um espaço no qual somos capazes de expor e desfazer nossos jogos neuróticos, ou autoengano, nossos medos e esperanças ocultos. Tornando-nos mais consciente das emoções e situações da vida, o espaço em que elas ocorrem pode nos abrir para uma percepção mais panorâmica. Uma atitude compassiva, um calor se desenvolve nesse momento. É uma atitude de aceitação fundamental de si mesmo, mas ainda mantendo a inteligência crítica.

Uma maneira bem-sucedida de meditação é simplesmente contar as respirações, inspiração e expiração. Outra é pensar a palavra "pensamento" toda vez que um pensamento intrusivo surgir. Existem tantas maneiras diferentes de meditar quanto pessoas no mundo.

A meditação é a melhor ferramenta contra o estresse.

Faça ioga, tai chi ou artes marciais

Às vezes referidos como "meditação em movimento", esses exercícios são usados há séculos como formas de nos mantermos saudáveis, focados e flexíveis. São ótimos métodos para liberar energia física de uma maneira positiva e saudável.

A ioga

A ioga pode ser um método eficaz para reduzir o estresse e a ansiedade. A série de posturas da ioga — algumas com nomes que provêm da natureza — e exercícios respiratórios controlados são um meio popular de controle e relaxamento do estresse. Há pouco tempo, a ioga era tida como estranha e exótica, assim como a meditação. Hoje, aulas de ioga que ensinam a arte da respiração e meditação são oferecidas em quase todos os lugares — desde academias da moda nas grandes cidades até centros comunitários em cidades pequenas, hospitais e clínicas.

A ioga é considerada um tipo de prática da medicina complementar e alternativa que abrange corpo e mente. Ela reúne disciplinas físicas e mentais para alcançar a tranquilidade do corpo e da mente, ajudando-nos a relaxar e administrar o estresse e a ansiedade. A filosofia tradicional da ioga exige que os alunos embarquem nessa missão por meio do comportamento, alimentação e meditação. Mas, se o interesse for apenas uma melhor gestão do estresse — seja por causa dos aborrecimentos diários da vida ou de um problema de saúde —, e não uma mudança de estilo ou modo de vida, a ioga também pode ajudar.

Com seus movimentos silenciosos e precisos, a ioga tira nosso foco do dia caótico e movimentado e o leva à calma, enquanto movimentamos o corpo em posturas que exigem equilíbrio e concentração.

A ioga tem muitos estilos, formas e intensidades. O Hatha Yoga, em particular, pode ser uma boa opção para administrar o estresse. Hatha é um dos estilos mais comuns de ioga, e alguns iniciantes acham mais fácil praticá-la devido a seu ritmo mais lento e movimentos mais fáceis. Mas a maioria das pessoas pode se beneficiar de qualquer estilo de ioga; é tudo uma questão de preferência pessoal.

Posturas de ioga, também chamadas de ásanas, são uma série de movimentos projetados para aumentar a força e a flexibilidade. Vão desde estar deitado no chão completamente relaxado a posturas difíceis que podem nos levar a expandir nossos limites físicos. Controlar a respiração é outra parte importante da ioga. A respiração significa energia vital, e a ioga nos ensina que controlar a respiração pode ajudar a controlar o corpo e acalmar a mente.

O poder do suave e consagrado tai chi

Outra maneira de reduzir o estresse é o tai chi. A arte antiga do tai chi usa movimentos suaves para reduzir o estresse causado pelo estilo de vida agitado de hoje e melhorar a saúde. O tai chi é muitas vezes descrito como "meditação em movimento", porque promove a serenidade por meio de seus movimentos suaves que conectam mente e corpo. Originalmente desenvolvido na China antiga como autodefesa, o tai chi evoluiu para uma forma graciosa de exercício que agora é usado para reduzir o estresse e ajudar em uma variedade de problemas de saúde.

O tai chi ou tai chi chuan é um sistema não competitivo e individualizado de exercícios físicos leves e alongamentos, uma série de posturas ou movimentos realizados de maneira lenta e graciosa. Cada postura flui para a próxima sem pausa, garantindo que o corpo esteja em constante movimento. O tai chi é atraente porque é barato, não requer equipamento especial e pode ser feito em ambientes fechados ou externos, sozinho ou em grupo.

PARTE I I I

LIDANDO COM OS OUTROS

CAPÍTULO OITO

Como desenvolver grandes habilidades interpessoais

Se, ao ler este livro, você conseguir extrair apenas uma coisa — como a habilidade de pensar a partir do ponto de vista e ângulo dos outros —, você perceberá facilmente que esse será um dos elementos básicos de sua carreira.

Dale Carnegie,
Como fazer amigos e influenciar pessoas

Liderar habilmente os outros, da obediência ao compromisso

Nós nascemos influentes ou desenvolvemos influência? Ambos, ao que parece. Algumas pessoas nascem em papéis ou em uma posição na vida que as situa como influentes. Outras trabalham duro para se desenvolver, e a capacidade de influenciar pode se tornar um subproduto disso, desejado ou não. No entanto, mesmo pessoas nascidas em uma posição de status devem se esforçar para desenvolver uma capacidade real de influenciar pessoas de maneira positiva.

A influência se encaixa perfeitamente com a liderança. À medida que desenvolvemos a capacidade de influenciar, muitas vezes nos direcionamos para um papel de liderança. Nossos motivos para influenciar os outros serão conhecidos e, se forem menos que dignos, nossa influência diminuirá.

Dale Carnegie é mais conhecido por seu livro *Como fazer amigos e influenciar pessoas*, que é cheio de exemplos de aplicação de trinta princípios de relações humanas em que ambas as partes saem ganhando. Se fôssemos resumir todos esses trinta princípios que o autor descobriu em apenas um, provavelmente seria *respeito*. A maioria das pessoas concorda que é preferível ter compromisso com os outros a prestar-lhes obediência.

Algumas palavras-chave relacionadas à obediência são status, obrigação, função, posição, categoria. Já as palavras-chave que nos vêm à mente quando pensamos em compromisso são conexão, correspondência, interesse, relacionamento, associação, recepção.

Todo o mundo pode fazer o tipo de pesquisa que Dale Carnegie fez pensando nas pessoas que consideramos influentes e listando suas notáveis qualidades, valores ou habilidades.

Torne-se uma pessoa mais amigável

As famosas sugestões de Dale Carnegie para se tornar uma pessoa mais amigável sempre devem ser repetidas. Existe uma razão para elas estarem entre as sugestões mais famosas do mundo — porque funcionam, são simples e melhoram nosso caráter tanto quanto nossos relacionamentos. São elas:

- não critique, condene ou reclame;
- dê uma apreciação honesta e sincera;
- desperte no outro um ávido desejo;
- torne-se genuinamente interessado nos outros;
- sorria;
- lembre-se de que o nome de uma pessoa é, para ela, o som mais doce em qualquer idioma;
- incentive os outros a falar de si mesmos;
- fale sobre os interesses do outro;
- faça o outro se sentir importante, mas sinceramente.

Use histórias para influenciar os outros

As histórias impactam tanto nosso lado emocional quanto a lógica. Fornecem contexto e informações. Conectam-se em nível psicológico, o que motiva e ajuda os ouvintes a se relacionar conosco como pessoas. Tocam o outro em um nível sensorial múltiplo e intrigam todas as idades e culturas.

> *Nove décimos das sérias controvérsias que surgem na vida resultam de mal-entendidos, de um não conhecer os fatos que para o outro parecem importantes, ou de deixar de apreciar o ponto de vista do outro.*
>
> Juiz Louis D. Brandeis

A vida é curta, que seja ótima!

Pratique a liderança todos os dias

Para influenciar as atitudes e comportamentos dos outros, comece com elogios e reconhecimento honestos. Chame a atenção indiretamente para os erros das pessoas. Fale sobre seus próprios erros antes de criticar o outro. Faça perguntas, em vez de dar ordens diretas. Não exponha o outro a humilhação.

Elogie cada melhora, mesmo que seja pequena. Seja sincero em sua aprovação e pródigo em seus elogios. Dê ao outro uma ótima reputação para honrar. Use incentivo. Se houver uma falha, faça que pareça fácil corrigi-la. Faça o outro feliz fazendo o que sugerimos.

Devemos focar em nossos pontos fortes, e não nas fraquezas. Fazendo isso, subiremos ao nível de especialista mais depressa. Também é recomendável confiar que outros podem complementar nossas fraquezas. Os grandes líderes reconhecem suas fraquezas, mas também encontram pessoas que se destacam onde eles falham, e confiam nelas. Grandes líderes não escondem suas fraquezas: eles as usam. Também evitam ficar parados no caminho, por isso, costumam pegar a estrada menos percorrida.

Discorde de maneira agradável

"Pense, suavize, e só então fale", aconselha Dale Carnegie. Se concentre no que está pensando, no motivo disso e em quais evidências você tem. As evidências constroem credibilidade e derrotam a dúvida. São vistas em demonstrações, exemplos, fatos, exposições, analogias, depoimentos e estatísticas.

O "suavizar" mencionado por Dale Carnegie pode consistir em frases como "estou ouvindo...", "eu entendo ...", e "aprecio sua opinião ...". Ele recomenda evitar palavras como "mas, no entanto, porém", pois elas não conectam, e sim dividem. A linguagem "suavizada" evita brusquidão e que o outro fique potencialmente na defensiva.

É importante permitir que o outro mantenha sua dignidade, mesmo em tempos de conflito, e tranquilizar as pessoas acerca de seu valor. Crie um ambiente no qual os dois lados possam aprender.

Crie um terreno comum, sempre disponível

Procure maneiras de criar um terreno comum entre você e a pessoa que cometeu um erro, primeiro estabelecendo conexão. A conexão é um reservatório de boa vontade e confiança mútuas, acumuladas durante um longo período de tratamento justo. Quando se encontrarem nesse terreno comum, comece deixando a pessoa à vontade e reduzindo a ansiedade. Ajude-a a se sentir confortável. Comunique-se de maneira empática, e só então converse sobre o assunto em questão.

Logo chegará a hora de lidar com o problema. Durante essa etapa, devemos focar no problema, não na pessoa. Para despersonalizar o problema, elimine pronomes pessoais. A ação estava errada, não a pessoa que agiu. Queremos dar ao outro a chance de explicar o que aconteceu e depois lhe informar o que sabemos sobre o problema.

A vida é curta, que seja ótima!

Devemos ouvir para entender e determinar se ele está assumindo a responsabilidade ou culpando outro e a evitando. O objetivo é reunir fatos e informações para poder identificar com precisão o problema e por que aconteceu. Reduza a defesa fazendo perguntas e não tirando conclusões precipitadas. Diferentes perspectivas surgirão e a raiz do problema poderá ser identificada.

Opções, compromisso, responsabilidade

As próximas etapas destinam-se a solucionar o problema, reduzir a chance de o erro acontecer de novo e restaurar o desempenho da pessoa. Isso também exige planejamento, para criar uma maneira de impedir que o problema ocorra de novo.

O passo referente a explorar as opções em conjunto deve ser abordado diferente com uma pessoa que aceita a responsabilidade ou com aquela que culpa os outros e evita assumi-la.

Com a pessoa responsável, questionar, escutar e aconselhar de forma eficaz pode incentivá-la a sugerir maneiras de corrigir a situação. Essa pessoa pode estar em um processo de análise e tomada de decisão, e terá maior probabilidade de se comprometer e ajudar a fornecer a solução. No caso de pessoas que "culpam" ou "evitam", pode ser necessário primeiro reafirmar as expectativas e dar lições sobre aceitação da responsabilidade para restaurar a confiança.

Ajude quem erra

Ao estabelecer o compromisso, foque na pessoa. Obviamente, uma pessoa que cometeu um erro se sente, até certo ponto, um fracasso, e é provável que se encontre menos inclinada a atuar com confiança na próxima oportunidade. Portanto, ela precisa de ajuda para ver a situação em um contexto diferente.

A pessoa em questão precisa ter certeza de seu valor e importância, e do apoio e encorajamento dos outros, e deve ser motivada a alcançar o desempenho ideal, pois percebe que uma relação sólida é possível. Devem ser reafirmados o compromisso de restaurar um alto nível de desempenho e nosso comprometimento com o sucesso da pessoa.

A pessoa que "culpa" ou "evita" deve sair da conversa com senso de responsabilidade e tendo entendido quais são as expectativas do outro.

Títulos

Nossos relacionamentos são definidos pela quantidade de confiança que demonstram. Dale Carnegie chamou de confiança o resultado de competência mais compaixão. Como nossas tendências influenciam nossos relacionamentos, é bom saber quais são elas e que relação têm com os outros.

Cada linha abaixo contém quatro palavras ou frases. Em cada linha, circule a palavra ou frase que melhor o descreve. Escolha apenas uma de cada linha.

A vida é curta, que seja ótima!

A.	RELATOR	FUTURISTA	REALISTA	COORDENADOR
B.	FOCADO EM PESSOAS	FOCADO NOS DETALHES	FOCADO EM VALORES	COM VISÃO DE FUTURO
C.	SONHADOR	DIRECIONADOR	EXECUTOR	PACIFICADOR
D.	DECISIVO	INSPIRADOR	CONFIÁVEL	ATENCIOSO
E.	CUMPRE PRAZOS	UNE AS PESSOAS	MANTÉM AS COISAS NOS EIXOS	TEM SENSO DE MISSÃO
F.	DRAMÁTICO	CURIOSO	CALMO	FOCADO
G.	SABE COMO AS COISAS DEVEM SER FEITAS	SABE O QUE DEVE SER FEITO	SABE ONDE DEVE ESTAR	SABE QUE PERGUNTAS FAZER
H.	REVÊ MÉTODOS	ANTECIPA PROBLEMAS	RESOLVE PROBLEMAS	RESOLVE CONFLITOS
I.	OBTÉM RESULTADOS	GARANTE QUE OS RESULTADOS SEJAM ADEQUADOS	GARANTE QUE AS COISAS SEJAM FEITAS CORRETAMENTE	FOCA EM RESULTADOS
J.	CARISMÁTICO	PREPARADO	DESCONTRAÍDO	CONSCIENTE

Suas tendências: folha de pontuação

Instruções: circule as palavras ou frases que você circulou na página anterior nesta folha de pontuação. Some o número de itens circulados em cada coluna. Classifique as colunas do mais baixo (4) ao mais alto (1).

Como desenvolver grandes habilidades interpessoais

	VISIONÁRIO	REALIZADOR	FACILITADOR	ANALISTA
A.	FUTURISTA	REALISTA	COORDENADOR	RELATOR
B.	COM VISÃO DE FUTURO	FOCADO EM VALORES	FOCADO EM PESSOAS	FOCADO NOS DETALHES
C.	SONHADOR	DIRECIONADOR	PACIFICADOR	EXECUTOR
D.	INSPIRADOR	CONFIÁVEL	ATENCIOSO	DECISIVO
E.	TEM SENSO DE MISSÃO	CUMPRE PRAZOS	UNE AS PESSOAS	MANTÉM AS COISAS NOS EIXOS
F.	DRAMÁTICO	FOCADO	CALMO	CURIOSO
G.	SABE ONDE DEVE ESTAR	SABE O QUE DEVE SER FEITO	SABE COMO AS COISAS DEVEM SER FEITAS	SABE QUE PERGUNTAS FAZER
H.	ANTECIPA PROBLEMAS	RESOLVE PROBLEMAS	RESOLVE CONFLITOS	REVÊ MÉTODOS
I.	FOCA EM RESULTADOS	OBTÉM RESULTADOS	GARANTE QUE AS COISAS SEJAM FEITAS CORRETAMENTE	GARANTE QUE OS RESULTADOS SEJAM ADEQUADOS
J.	CARISMÁTICO	PREPARADO	DESCONTRAÍDO	CONSCIENTE

VISIONÁRIO   **REALIZADOR**   **FACILITADOR**   **ANALISTA**
Total: _____   Total: _____   Total: _____   Total: _____
Classificação: _____   Classificação: _____   Classificação: _____   Classificação: _____

A vida é curta, que seja ótima!

Diferentes tendências, diferentes perfis

As quatro tendências identificadas no exercício anterior se traduzem em perfis importantes, que podem ser descritos da seguinte maneira:

- **Visionário**

Foca principalmente no todo. Ele ou ela analisa os resultados desejados no longo prazo, a direção geral de sua equipe e seus processos. Assim, o visionário pode fornecer um muito necessário senso de missão, direção e liderança, que outros não podem. *O lado negativo é que o visionário em geral ignora os detalhes e não faz o necessário para que as coisas sejam feitas.*

- **Realizador**

É com esse tipo de pessoa que mais se pode contar para realizar tarefas. Ele ou ela é frequentemente um(a) trabalhador(a) diligente, com um nível excepcional de conhecimento técnico, e fará o máximo para concluir qualquer tarefa que lhe seja atribuída. *No entanto, no desejo de fazer as coisas, o realizador em geral ignora as contribuições de outras pessoas e se pode pensar que é "difícil trabalhar com ele".*

- **Facilitador**

De longe, o melhor para trabalhar com pessoas. Ele ou ela tenta garantir que os processos sejam estabelecidos e mantidos.

Quando surgem conflitos, o facilitador intervirá e corrigirá as coisas, fazendo que todas as partes discutam apropriadamente suas diferenças. *Isso também pode ser negativo, porque, com esse tipo de atenção aos processos, o facilitador, em geral, negligência a conclusão das tarefas no prazo.*

- **Analista**

Em um ambiente de equipe, o analista é a consciência dela. Ele ou ela revisa as decisões e abordagens da equipe e as compara ao objetivo comum de garantir que todos permaneçam no caminho certo. Dessa forma, o analista normalmente é a bússola ética e processual que as equipes requerem. *No entanto, o analista em geral permanece no modo reativo, e muitas vezes não é visto como alguém com iniciativa ou capaz de executar uma tarefa sozinho.*

A tabela a seguir apresenta breves descrições sobre como pessoas de perfis diferentes podem trabalhar juntas. Selecione sua tendência, à esquerda, e veja como você pode trabalhar melhor com as pessoas de outros perfis.

	VISIONÁRIO	REALIZADOR	FACILITADOR	ANALISTA
VISIONÁRIO	Lembre-se de que, como visionários, vocês dois focam no amanhã, mas precisam trabalhar com outras pessoas para fazer as coisas hoje.	Tente traduzir sua visão do futuro em coisas que o realizador possa executar e nas tarefas necessárias.	Combine sua inspiração com as habilidades do facilitador para estabelecer um processo que harmonize a visão de cada um e o objetivo em comum.	Permita que o analista examine as tarefas e processos para garantir que eles estejam de acordo com a visão e o objetivo em comum.
REALIZADOR	Peça conselho ao visionário para garantir que suas tarefas estejam fazendo a diferença no todo.	Divida as tarefas claramente com outros realizadores para garantir os melhores resultados.	Pergunte ao facilitador de que maneira o processo pode dar suporte às tarefas. Tente adaptar algumas das habilidades de seu pessoal a seu próprio estilo.	Incentive o analista a revisar seu trabalho para ajudá-lo a melhorar e garantir que seus esforços deem suporte ao objetivo em comum.
FACILITADOR	Relembre ao visionário o processo necessário para obter os resultados no longo prazo. Permita que a visão dele seja modelo para os processos que você usa.	Avalie as contribuições do realizador para atingir o objetivo em comum e sugira processos para ajudá-lo a trabalhar com outras pessoas da equipe.	Trabalhe em conjunto para estabelecer processos que levem em conta as necessidades de todos os membros de sua equipe.	Pergunte ao analista até que ponto os processos da equipe estão dando suporte ao objetivo em comum.
ANALISTA	Ajude o visionário a ver que as metas de longo prazo e os propósitos comuns estão inter-relacionados.	Permita que o realizador assuma a liderança em tarefas sensíveis ao tempo, dando-lhe apoio com conselhos e orientações.	Uma vez que o facilitador estabeleça um processo, trabalhe dentro desse processo para alcançar o objetivo em comum.	Trabalhe com outros analistas para que seus comentários sejam positivos e favoráveis e incentivem a união da equipe.

CAPÍTULO NOVE

Carisma: o maior ingrediente para o sucesso

Teste seu quociente de carisma

Carisma vem de uma palavra grega que significa "presente" ou "favor". O dicionário Houaiss define carisma como "conjunto de habilidades e/ou poder de encantar, de seduzir, que faz que um indivíduo (por exemplo, um cantor, um ator) desperte de imediato a aprovação e a simpatia das massas". No escritório ou não, sabemos quando estamos na presença de alguém carismático. Mas nem sempre sabemos quando possuímos carisma. Eis aqui uma maneira de descobrir.

Instruções: classifique cada afirmação assinalando a primeira resposta que surja em sua cabeça. Se responder honestamente, você poderá ter uma imagem instantânea de sua tendência: se carismática ou não.

A vida é curta, que seja ótima!

	RARAMENTE	ÀS VEZES	NA MAIORIA DAS VEZES
1. Nas reuniões sociais e profissionais, atraio as pessoas e elas procuram minha companhia.			
2. Expresso minhas emoções livremente.			
3. Sou autoconfiante e completamente natural em ambientes sociais e profissionais.			
4. Interesso-me genuína e sinceramente pelos outros e aceito opiniões diversas.			
5. Sou cheio de energia, entusiasmado e apaixonado por minhas crenças, valores, trabalho e lazer.			
6. Gosto de estar perto de pessoas, sou caloroso e amigável e tenho uma personalidade convidativa.			
7. Gosto de tomar boas decisões depressa e respondo bem sob pressão.			
8. Para mim, é fácil convencer, persuadir e inspirar outras pessoas a agir ou mudar.			
9. Gosto de falar em público.			
10. As pessoas tendem a querer me conhecer melhor.			

Carisma: o maior ingrediente para o sucesso

Erros que destroem o carisma:

- não ser confiante ou autêntico;
- ter poucas habilidades de relação e comunicação humanas;
- demonstrar poucas habilidades de escuta; fingir ouvir, ou ouvir só o suficiente para responder;
- procrastinar ou agir de maneira indecisa quando decisões devem ser tomadas;
- ser defensivo ou não se responsabilizar por seus erros;
- ter favoritos ou intimidar as pessoas;
- ser controlador, arrogante ou intransigente;
- ter uma atitude negativa, ser crítico e reclamar com frequência;
- ser desonesto ou ter pouca ética no trabalho e valores questionáveis;
- julgar ou não ser receptivo às ideias dos outros;
- ser incapaz de pensar depressa e ter um bom desempenho sob pressão;
- não ter emoção, paixão e entusiasmo;
- ficar ostentando conhecimento, ser vaidoso ou ter uma atitude presunçosa;
- fazer promessas falsas, contradizer-se ou não guardar confidências;
- não se envolver nem se conectar com outras pessoas pessoal e profissionalmente;
- dar ordens ou dizer às pessoas o que fazer, em vez de pedir;
- não ter capacidade de influenciar, convencer e inspirar os outros;

A vida é curta, que seja ótima!

- não demonstrar sincera gratidão, apreço e reconhecimento;
- não ter foco, ser desorganizado, deixar de fazer as coisas
- fazer perguntas fechadas ou inadequadas;
- usar linguagem corporal negativa ou comportamento incongruente;
- usar palavras não estimulantes para comunicar histórias mundanas.

Conversa fiada nem sempre é inútil

O estilo de comunicação não comercial realizado em um nível relativamente superficial tem o potencial de criar conexões e pode ser a base de uma relação contínua e mais séria. Para ser adepto da conversa fiada não é preciso ter um conhecimento exaustivo dos eventos atuais. Basta ter a capacidade de levar o outro a falar de seu tema favorito e fazer perguntas que demonstrem seu interesse. Essa é uma maneira infalível de criar conexão.

Dale Carnegie sugere pensar em cinco perguntas que poderíamos fazer, sem parecer intrusivos ou intrometidos, para nos guiar nessa oportunidade potencialmente importante de conversa que pode surgir a qualquer momento. Sorrir ajuda, além de cortesia genuína, mas nada forçado.

Observar os traços, valores ou realizações do outro cria uma conexão instantânea; talvez até estabeleça interesses comuns. Demonstre respeito pelas restrições de tempo do outro e evite assuntos controversos; e seja sensível a questões de diversidade. Faça perguntas ponderadas.

Esteja no momento, concentrado no que o outro está dizendo. Seja um recurso; pergunte se pode ajudar, se sua ajuda é necessária. Diga algo interessante que ele talvez ainda não conheça. Faça elogios genuínos, acrescentando evidências, se possível, e demonstre sinceridade e consideração.

Os três "c" de carisma

Comunicação, conexão e confiança são os três "C" do carisma.

Comunicação: o que dizemos. Nossas habilidades de fazer perguntas, nossa capacidade de ouvir e manter contato visual. Falar com o foco no outro. Transmitir informações sensoriais com nossas palavras para pintar imagens vívidas.

Conexão: como dizemos. Nossa capacidade de envolver e mostrar emoção. Autenticidade e sinceridade. Foco no outro.

Confiança: nossa aparência. Como agimos. Como soam nossas palavras. Atitude positiva. Entusiasmo e poder pessoal.

> *Líderes carismáticos costumam exibir atributos como extraordinária expressividade emocional, autoconfiança, autodeterminação, e nada de conflitos internos.*
>
> DO LIVRO CHARISMATIC LEADERSHIP: THE ELUSIVE FACTOR IN ORGANIZATIONAL EFFECTIVENESS, DE CONGER E KANUNGO

A vida é curta, que seja ótima!

O comunicador carismático se adapta

Não se recomenda ser um camaleão, mas, para ser visto como um comunicador carismático, Dale Carnegie sugere adaptarmos nosso estilo de comunicação à pessoa com quem falamos, a fim de deixá-la à vontade. Comunicadores persuasivos e influentes estabelecem conexão com base no estilo de comunicação do outro.

Dedique tempo ao assunto que seja agradável para o outro. Use ritmo e linguagem adequados ao estilo do outro, e você terá consciência do elemento tempo com base no estilo do outro.

Quais são esses estilos? Pesquisas sobre estilos de comunicação costumam dividir as pessoas em quatro categorias:

Estilo amistoso ("Por quê?"): casual, amável, focado na relação, prestativo, acolhedor, fala de coração, gosta de feedback positivo.

Estilo analítico ("Como?"): formal, metódico, sistemático, lógico, gosta de dados, busca respostas, detalhes e soluções, gosta de evidências.

Estilo excitável ("Quem?"): demonstrativo, expressivo, usa gestos, mostra a situação como um todo e gosta de ouvir o que possa aproveitar

Estilo dominante ("O quê?"): eficiente, tem foco em metas e objetivos, pontos de vista e opiniões fortes, decisivo, gosta de ter opções.

Como nossa imagem pode ajudar para que os outros nos vejam como carismáticos

Nossa imagem: nossa maneira de vestir, higiene e acessórios. Expressão facial. Nossos gestos habituais.

Como agimos: nosso comportamento, linguagem corporal, atitude e o que demonstramos de nosso caráter.

O que dizemos: nosso vocabulário, os fatos que apresentamos, nosso conhecimento e as histórias que contamos.

Como dizemos: nossa voz, entonação, velocidade e ritmo.

Quinze dicas para aumentar seu quociente de carisma

1. Passe uma memorável primeira impressão. Conheça as maneiras como nos projetamos. Pequenos gestos, como apertar a mão do outro ou lembrar seu nome, criam uma memorável primeira impressão.
2. Mantenha uma atitude positiva e projete energia e linguagem corporal positivas. Seja otimista em relação a si mesmo, aos outros e à vida em geral. Respire "vida", paixão e entusiasmo em todas as interações.
3. Relaxe e fale coloquialmente. Fale com paixão, energia e entusiasmo e use as pausas para criar ênfase.
4. Aprenda a reagir depressa, improvisando em situações inesperadas e esteja preparado para responder bem sob pressão.

A vida é curta, que seja ótima!

5. Seja informado. Saiba o que está acontecendo no mundo e, especificamente, em sua área de especialização.
6. Cative com seu discurso. Mantenha a congruência entre o que diz e a maneira como o diz. Passe credibilidade, seja genuíno e sincero. Seja articulado e module a voz para que os outros possam ouvi-lo. Seja um ótimo contador de histórias e use descrições sensoriais para pintar imagens vívidas.
7. Envolva os outros pondo seu foco e atenção neles. Faça que cada um se sinta como a única e mais importante pessoa presente.
8. Seja respeitoso com os outros e consigo mesmo. Mostre respeito pelos outros mesmo quando discordar deles. Mantenha sempre o respeito próprio. Seja sensível a diversas questões e fale com diplomacia e tato.
9. Crie conexões e confiança com os outros. Reflita a linguagem corporal e maneirismos dos outros para deixá-los à vontade.
10. Seja humano. Sinta suas emoções e sintonize com as emoções dos outros. Permita que as emoções surjam em suas ações e discurso. Ouça as emoções nas palavras dos outros e responda a elas.
11. Nunca se deixe intimidar por outras pessoas carismáticas. Mantenha a motivação e a determinação para alcançar sua missão, visão e objetivos.
12. Mantenha-se humilde e modesto. Foque no sucesso do outro. Deixe que seus sucessos falem por si mesmos.
13. Faça elogios, reconhecimentos e apreciações sinceros.

14. Trate com importância todas as pessoas com quem interagir. Seja cordial e mostre aceitação pelas pessoas com quem tiver contato.
15. Destaque-se. Seja razoavelmente controverso, assuma riscos e proponha ideias inusitadas.

E o décimo sexto segredo? Divirta-se e tenha um bom senso de humor! Quando curtimos a vida, o trabalho e nós mesmos, os outros se sentem atraídos por nossa energia e exuberância.

CAPÍTULO DEZ

Passe uma ótima primeira impressão

"Nunca teremos uma segunda chance de causar uma primeira impressão" é um velho e bom truísmo. Felizmente, é possível ficar atento para estar sempre pronto para causar a melhor primeira impressão possível, a qualquer momento.

Veja aqui algumas observações de Dale Carnegie sobre causar uma ótima primeira impressão.

Contato visual

O contato visual eficaz implica que a pessoa é autoconfiante, honesta, interessada, tem o controle da situação e fica à vontade na interação.

A falta de contato visual costuma transmitir que o indivíduo tem algo a esconder, que não quer estar nessa situação, que se sente intimidado, temeroso ou envergonhado. Também pode implicar evasão, tédio, nervosismo ou desonestidade.

Pesquisas mostram que, nas entrevistas de emprego, os candidatos dão respostas mais longas e reveladoras quando o entrevistador mantém um contato visual consistente. Em sala de aula, a compreensão e retenção de conteúdo dos alunos podem estar diretamente relacionadas com a quantidade de contato visual do professor.

Mas existe uma exceção notável. Ao revelar informações altamente pessoais, em geral, evitamos o contato visual. Os homens, especialmente, revelam menos informações pessoais quando o contato visual é muito intenso.

Análise do contato visual eficaz nos negócios

- **Intensidade**

O olhar é prolongado e focado, e acompanhado por sinais de aceitação e simpatia, como expressões faciais suaves, linguagem corporal descontraída e vocalizações que indicam interesse e atenção. Mas contato visual prolongado e focado sem o contexto calmante pode parecer ameaçador ou agressivo.

- **Localização**

O contato visual é ideal quando o objetivo é transmitir informações específicas com ênfase na precisão. Em outras situações, talvez seja mais confortável interromper o contato visual direto ocasionalmente, ou suavizá-lo, desviando levemente o foco. Para uma conexão mais agradável, tente descansar o olhar:

- logo abaixo de uma das sobrancelhas do outro;
- na ponte do nariz;
- entre os olhos.

Tudo isso *parece* contato visual direto, mas sem intimidação.

Olhar mais abaixo dos olhos do outro é frequentemente interpretado como sinal de subserviência ou falta de confiança; portanto, quebre o contato visual levando o foco para cima ou para fora.

- **Duração**

Esqueça as "regras" sobre quantos segundos deve durar o contato visual. Não poderemos estar atentos à comunicação do outro se ficarmos inconscientemente controlando um limite arbitrário de tempo.

Manter contato visual durante 60% a 70% do tempo é considerado bom; e um pouco mais ao comunicar informações que devem ser retidas. Uma excelente orientação é manter o contato visual o tempo todo, com breves períodos de "descanso", a menos que haja um motivo específico para direcionar o olhar para outro lugar.

Em grupo, mantenha contato visual com alguém o tempo todo. Distribua o contato visual cuidadosamente para incluir todos os participantes. Olhar nos olhos de pessoas desafiadoras, ou de cuja posição discordamos, implica alto grau de autoconfiança. Implica também conforto e aceitação em relação às opiniões dos outros.

Pareceremos mais fortes se esperarmos que o outro quebre o contato visual. Ocasionalmente, devemos quebrá-lo nós mesmos, para evitar parecer intimidadores e para deixar que o outro se sinta importante.

Podemos comunicar confiança inclusive pela maneira como quebramos o contato visual. Um movimento agitado para focar e desviar o olhar pode parecer nervoso ou furtivo, ao passo que um movimento mais lento e controlado implica segurança.

- **Variáveis situacionais**

Quando estamos em pé ou sentados de frente para o outro, espera-se mais contato visual; quando estamos em pé ou sentados lado a lado, espera-se menos.

Quanto mais próximos estivermos, mais intenso será o contato visual direto, portanto, espera-se menos — como no elevador, por exemplo.

- **Variáveis culturais**

Não force o contato visual se o outro obviamente o estiver evitando. Algumas culturas (e indivíduos) têm expectativas diferentes acerca do contato visual. Quando sentirmos que pode ser esse o caso, devemos deixar o outro à vontade, minimizando o contato visual; senão, pareceremos insistentes e intimidadores.

Apertos de mãos

Acredita-se que o aperto de mãos se originou nos campos de batalha medievais, quando os guerreiros trocavam um aperto de antebraço para ver se o outro tinha armas escondidas. E um bom aperto de mãos desarma da mesma maneira hoje em dia, em um

A vida é curta, que seja ótima!

sentido psicológico, criando uma conexão que torna o outro mais aberto a nos aceitar e a se comunicar com honestidade.

Em um estudo universitário, os pesquisadores deixaram uma moeda em uma cabine telefônica do aeroporto. Depois que alguém usava o telefone, o pesquisador se aproximava, explicava que havia esquecido a moeda lá e perguntava se o indivíduo a havia encontrado. Mais da metade dos entrevistados mentiu. O pesquisador acrescentou um aperto de mãos e uma saudação antes de perguntar sobre a moeda, e o número de respostas desonestas diminuiu 66%!

No clima mercantil de hoje, o aperto de mãos é a única forma universalmente segura e aceitável de tocar no outro, e o vínculo que isso pode criar é muito forte. Aproveite todas as oportunidades para aceitar ou oferecer apertos de mãos com colegas de ambos os sexos.

- **Variações sobre o tema aperto de mãos**

Envolver a mão do outro com nossas duas mãos é apropriado quando nossa intenção é indicar mais calor, congratulações e condolências. Esse tipo de aperto de mãos pode ser usado ao se reconectar com um velho conhecido ou para expressar sutilmente uma preocupação pessoal em um ambiente de negócios.

- **Outras formas de toque**

Um toque no braço ou no ombro eleva o nível de intimidade de um aperto de mãos. Quando temos dúvidas sobre qual cumprimento é o esperado, podemos oferecer a mão primeiro. Se o outro escalar o contato para um abraço, as mãos juntas impedirão que o abraço se torne íntimo demais.

Se quisermos desencorajar a possibilidade de um abraço, iniciaremos o aperto de mãos a uma distância um pouco maior; é muito mais difícil passar para um abraço com mais espaço entre dois corpos. Também podemos criar a impressão de uma saudação mais calorosa iniciando o aperto de mãos mais depressa e mantendo-o por um pouco mais de tempo que o normal.

- **Aperto de mãos na despedida**

Como esse é praticamente o único contato físico esperado em interações comerciais, não perca a oportunidade de apertar as mãos de novo na conclusão. Se a interação foi positiva (ou se você deseja dar um ar mais positivo a uma interação levemente negativa), faça que o aperto de mãos de despedida seja um pouco mais íntimo que o primeiro, usando um aperto mais firme, duração prolongada e/ou expressão facial positiva para comunicar calor e aceitação.

Linguagem corporal

- **Sorriso**

Sorrir faz com que as pessoas respondam mais calorosamente a nós e pode até torná-las mais receptivas a nosso ponto de vista.

Nas eleições presidenciais de 1984, observou-se que um comentarista de televisão em particular sorria quando mencionava Reagan, mas não quando mencionava Mondale. Uma pesquisa pós-eleição constatou que seus espectadores votaram muito mais em Reagan do que um grupo de controle de outros indivíduos com o mesmo perfil demográfico.

A vida é curta, que seja ótima!

Durante seu mandato, os discursos televisionados de Reagan eram intercalados por sorrisos calorosos e cordiais. Após os discursos, os espectadores de ambos os grupos recebiam fitas dos discursos, e suas respostas eram gravadas. Cada vez que o presidente sorria, os espectadores sorriam para o monitor de vídeo.

Qual é nossa crença sobre pessoas que sorriem? Estudos mostram que a maioria das pessoas interpreta os sorrisos como reflexo de confiança, competência, afeto e confiabilidade. Tem sido repetidamente documentado que juízes e jurados tratam com mais indulgência réus que sorriem.

Um bom sorriso envolve os músculos das bochechas e dos olhos — na verdade, de todo o rosto. Treine na frente do espelho para ver e sentir a diferença. É claro que a maneira mais fácil de gerar um sorriso genuíno, que toma o rosto todo, é manter uma atitude positiva em relação à interação que estamos mantendo.

- **Postura**

Por ser vista instantaneamente, a postura causa uma reação imediata e inconsciente no outro. Estudos correlacionam crenças positivas sobre popularidade, autoconfiança, ambição, simpatia e inteligência com boa postura.

A postura é especialmente importante para indivíduos que precisam compensar alguma desvantagem em sua imagem — pessoa mais baixas, com voz fraca, que não podem comprar roupas boas, que estão acima do peso ou são menos atraentes.

Manter uma boa postura também nos deixa mentalmente mais afiados. Ao permitir que nossos pulmões funcionem de maneira mais eficaz, possibilitam que mais oxigênio chegue ao cérebro.

- **Postura em pé**

Se alongarmos bem o tronco, essa simples correção poderá acrescentar alguns centímetros a nossa altura e aumentar imensamente nossa presença profissional.

Treine a seguinte técnica até que se torne natural:

Mantendo os ombros abertos, apoie-se contra uma parede; pressione os ombros para trás até que encostem na parede. Mantenha esse alinhamento corporal e afaste-se da parede. Isso pode não parecer muito natural no começo, mas ficará mais confortável com a prática.

Atenção: é bom manter os braços relaxados ao lado do corpo quando em pé e observar a posição das mãos. Se elas descansarem naturalmente com as palmas voltadas para trás, em vez de voltadas para o corpo, será preciso prestar mais atenção e desenvolver uma postura mais quadrada.

Mantenha uma aparência equilibrada distribuindo o peso igualmente entre os dois pés. Mudar o peso levemente para as pontas dos pés e inclinarmo-nos um pouco para frente cria a impressão sutil de que estamos muito interessados e atentos.

- **Postura sentada**

Sente-se com o tronco um pouco à frente e ereto, sem se inclinar na cadeira, para parecer cheio de energia e ativamente engajado. Mantenha o corpo relativamente equilibrado, mas não perfeitamente simétrico.

Uma posição exatamente centralizada parece estranha e constrangida. Disponha os braços assimetricamente para comunicar confiança e descontração.

A vida é curta, que seja ótima!

- **Movimentos de cabeça**

Podemos literalmente usar a cabeça para aprimorar nossa presença profissional, inclinando-a levemente para fazer contato visual com alguém muito mais alto ou mais baixo. Mover os olhos para olhar para baixo parece arrogante ou humilhante; e para cima, submisso ou implorante.

É aconselhável manter a cabeça centralizada, não inclinada de lado. Essa inclinação pode fazer que pareçamos confusos, não muito inteligentes, ou até que estamos flertando. Evite balançar a cabeça para cima e para baixo concordando, pois, assim, você pode parecer ansioso demais para agradar. Mostre que concorda com o orador com um aceno lento e decidido, vocalizando ou erguendo uma sobrancelha.

Lendo os sinais corporais do outro

Em geral, a linguagem corporal comunica uma mensagem mais honesta que as palavras. Mas não avalie um gesto ou movimento isolado; observe um padrão de pistas que confirmem ou contradigam a fala da pessoa.

Um conjunto de sinais corporais "abertos", como braços relaxados, palmas abertas, expressões faciais suaves, contato visual, sorrisos e inclinações para frente normalmente pode ser interpretado como indicação de uma resposta de aceitação do outro.

Uma série de sinais "fechados", como braços cruzados, punhos cerrados, mandíbula apertada ou sobrancelha franzida, falta de contato visual e afastamento físico normalmente passam uma mensagem coletiva de hostilidade, rejeição e evasão.

CAPÍTULO ONZE

Conhecer pessoas novas é essencial para uma vida ótima

Conhecer gente nova é mais fácil quando temos em mente duas perguntas: "O que eu quero saber dessa pessoa?" e "Que perguntas posso fazer?".

A velha cantada "Você vem sempre aqui?" pode, na verdade, ser uma ótima abertura, se dita com cara séria, mas certamente não vai funcionar para, por exemplo, um evento na igreja ou uma festa, apesar de ser eficaz em uma academia.

Reinvente o papo de festa

Ao conhecer pessoas novas, lembre-se de que todos nós achamos maravilhosamente gratificante quando os outros nos perguntam com sinceridade "Como vão as coisas?". Mas podemos demonstrar esse interesse sem recorrer aos mesmos velhos truques de conversação usados por muitas gerações para puxar papo. Não é tão difícil ser criativo e vale a pena. Passamos uma primeira impressão melhor quando, por exemplo, perguntamos a origem ou o significado do sobrenome da pessoa; é uma maneira criativa de dar seguimento à conversa depois que nos apresentamos. Isso pode levar a citar lugares e regiões em que estivemos ou que gostaríamos de visitar.

Perguntar sobre o nome das crianças de uma família pode levar a conversas sobre como foram escolhidos e o que significam. Perguntas sobre animais que a pessoa tenha também são úteis para puxar conversa. Às vezes, os nomes dos animais provocam risadas e uma conversa agradável, especialmente se ambas as partes compartilham o amor pela mesma raça ou espécie.

Não só "O que você faz?", mas também "Como você faz?"

Descobrir onde fica a casa de nosso novo conhecido pode levar a perguntas sobre atividades para famílias que a área oferece, por exemplo, além das perguntas padrão sobre a idade e o estilo da casa, tamanho do terreno etc. Essa linha de conversa pode facilmente levar a um assunto agradável que interessa muito a muita gente: jardinagem. Ao contrário de conversas sobre esportes ou religião, nossa preferência por rosas não vai irritar nosso interlocutor que adora margaridas.

Talvez seja hora de pôr para descansar o batido "O que você faz?", pelo menos se for para o papo morrer aí. Expressar um interesse *genuíno* — e não robótico — pelo trabalho das pessoas pode ser revigorante, especialmente se a família delas já perdeu há muito tempo o interesse pelo motivo de elas saírem de casa todas as manhãs. Pode ser que o trabalho de um novo conhecido não se pareça em nada com o nosso, o que representa uma mina de ouro de possibilidades. "Como a engenharia mudou nos últimos dois anos?"; "Você acha que desviar regularmente os olhos do computador é tão bom para a visão como dizem que é?"; "Como garçonete, você viu mudanças no que seus clientes pedem ultimamente?"; "Que conselho você daria a um recém-chegado a sua área?".

Perguntar "Qual foi o último lugar que você visitou?" provavelmente vai desencadear uma conversa animada, seja porque já estivemos nesse lugar ou porque estamos ansiosos para saber por que motivos deveríamos conhecê-lo. Essa conversa pode se expandir para muitos caminhos ricamente diversos, como comida, música, vegetação, idiomas etc. Descobrir para onde nosso novo conhecido viaja a trabalho também pode produzir bons resultados em termos de conversa. "Você conhece algum restaurante em Roma onde se fale inglês e que aceite crianças?"; "Será que na Holanda eles mandam entregar bulbos de tulipa?"; "Dá para contratar um motorista particular na China?"; "Você não ficou preocupado com sua segurança no Egito?".

Músicas, times e problemas

Se houver música tocando enquanto estamos nos preparando para iniciar uma conversa, podemos fazer um comentário sobre isso. Sempre podemos encontrar algo de bom para dizer sobre música; ela pode ser animada, mesmo que nossa preferência seja por outro tipo. Dizer algo como "Não ouço essa desde que comprei meu primeiro Mustang" sem dúvida levará a uma conversa nostálgica encantadora; e "Eu colocava essa música para minha mãe só para irritá-la" definitivamente provocará risos e talvez uma sequência divertida. As referências musicais são valiosas porque também podem derivar em conversas interessantes. "Minha filha tentou pôr essa música em meu iPod, mas Dylan ganhou".

Conversas sobre esportes ganham vida própria, assim como sobre hobbies. Às vezes, ver um chaveiro, um adesivo ou um boné de beisebol e comentar pode acelerar a conversa; mas só se conseguirmos ser imparciais em relação a um time rival.

Há também o assunto da infestação de pessoas inescrupulosas na política. Tradicionalmente, esse é um terreno proibido, e por boas razões. A menos que saibamos que a pessoa com quem estamos conversando votou em quem nós votamos, ou que tem a mente aberta. Questões sociais amplas — bem amplas — podem ser um território mais seguro e permitir comentários não incendiários sobre acontecimentos em partes distantes do mundo. Mas, mesmo esses temas podem levar a discussões, por mais educadas que sejam, o que, em geral, depende da quantidade de indulgência de cada parte.

Portanto, devemos ter cuidado nessas situações sociais, mas não ficar hesitantes demais, porque, senão, poderemos perder uma grande oportunidade de conhecer alguém, o que pode levar a qualquer coisa, desde um contato comercial até um casamento.

E, não se esqueça: se a pausa na conversa ficar grande demais, é sempre perfeitamente respeitável recorrer ao "E esse tempo? Será que vai chover?".

Aberturas confiáveis

É útil ter algumas frases na manga para evitar que uma conversa incipiente se esgote, especialmente se a situação for tensa ou provoque ansiedade. Veja algumas frases de transição que Dale Carnegie recomenda: "Como assim? Dê-me um exemplo."; "Como assim? Fale mais sobre isso."; "Você pode me explicar de uma maneira diferente?"; "Essa palavra tem muitos significados diferentes. O que ela significa para você?".

Também existem "escadas" que levam a uma área de interesse comum. Veja algumas:

- olhe para o outro;
- faça perguntas;
- não interrompa;
- não mude de assunto;
- expresse emoção com controle;
- responda adequadamente.

Como "entrar" educadamente

Veja alguns exemplos de frases usadas para puxar papo ou se apresentar gentilmente:

"Acabei de ouvir você falar algo sobre...";
"Ouvi você dizer que era de...";
"Ouvi que você esteve recentemente em Nova York.";
"Achei interessante o que você acabou de falar sobre...".

A vida é curta, que seja ótima!

Possíveis maneiras de encerrar uma conversa

Muitas vezes, é mais difícil encerrar uma conversa que iniciá-la. Veja aqui algumas frases que podem ajudar:

"Foi ótimo conversar com você. Estou tentando falar com aquela pessoa ali faz tempo, então, com licença.";

"Quero ir até ali fazer uma pergunta para aquela pessoa. Foi um prazer conversar com você.";

"Preciso resolver uma coisa. Foi um prazer conhecê-lo.";

"Com licença, vou me encontrar com um colega agora. Foi um prazer conhecê-lo.".

Ouvir de verdade

Aquilo que dizemos é a prova de quão bem ouvimos.

MARSHALL GOLDSMITH

Seja um bom ouvinte. Dale Carnegie diz que existem cinco níveis de escuta: fingir ouvir, ouvir para responder, ouvir para aprender, ouvir para entender e ouvir com empatia.

Aja como se fosse haver uma prova depois da conversa, sugere Dale Carnegie. Tente reformular o que ouviu para ter certeza de que entendeu. Foque na mensagem, não na maneira como foi passada. Desligue sua mente o máximo possível.

Para descobrir se você é um bom ouvinte, responda a essas perguntas com "Sempre", "Normalmente", "Ocasionalmente" ou "Raramente".

Conhecer pessoas novas é essencial para uma vida ótima

1. As pessoas precisam repetir as informações para mim.
2. Problemas de falta de comunicação acontecem mais comigo do que com os outros.
3. Costumo me desconcentrar quando a pessoa fala devagar ou o conteúdo é chato.
4. Fico terminando as frases dos outros.
5. Percebo que as pessoas ficam frustradas comigo por falta de comprometimento ou por expectativas não atendidas.
6. Atrapalho o foco das pessoas com meus comentários.
7. Costumo fazer várias coisas quando estou ouvindo as pessoas.
8. Não me sinto à vontade pedindo esclarecimentos a quem está falando.
9. Quando alguém vem a mim com um problema, tenho a tendência de querer resolver ou dar conselhos.
10. Eu finjo prestar atenção.
11. Formulo uma resposta em minha cabeça antes que a pessoa acabe de falar.
12. Preciso anotar para lembrar o que está sendo dito.
13. Faço suposições com base na aparência da pessoa que está falando.
14. Eu me distraio facilmente quando alguém fala comigo.
15. Sou quem mais fala nas conversas.
16. Faço perguntas que indicam que eu não estava ouvindo.
17. Mostro uma atitude aberta e receptiva em relação ao interlocutor.
18. Estou informado sobre comunicações importantes no trabalho.

A vida é curta, que seja ótima!

19. Quando alguém me faz uma pergunta, ofereço atenção total.
20. Eu me concentro no que está sendo dito, mesmo que seja de pouco interesse.
21. Eu ouço o ponto de vista do outro, mesmo que discorde dele.
22. Mantenho contato visual com a pessoa que fala.
23. Tento entender o ponto de vista daqueles que discordam de mim.
24. Posso resumir de maneira breve e precisa o que alguém disse.
25. Dou ao outro a chance de se explicar completamente antes de responder.
26. Observo a pessoa que fala, procurando pistas não verbais.
27. Sou aberto a críticas.
28. Incentivo, verbalmente ou não, a pessoa que fala.
29. Verifico, para ter certeza de que interpretei a mensagem corretamente.
30. Procuro "estar com" a pessoa que fala, colocando-me no lugar dela.

Pontuação de suas habilidades auditivas

Classifique suas respostas da seguinte maneira:

PERGUNTAS 1-16:
- 1 ponto — Sempre
- 2 pontos — Normalmente

- 3 pontos — Ocasionalmente
- 4 pontos — Raramente

PERGUNTAS 17-30:
- 4 pontos — Sempre
- 3 pontos — Normalmente
- 2 pontos — Ocasionalmente
- 1 ponto — Raramente

RESULTADOS:
- 105-120: você é um hábil ouvinte. Obtenha uma segunda opinião para se assegurar de que tem uma percepção precisa de suas habilidades auditivas.
- 95-104: a escuta é uma prioridade para você.
- 85-94: você ouve quando lhe é conveniente.
- 75-84: você é um ouvinte ocasional.
- Abaixo de 75: você é brutalmente honesto e tem um grande potencial de aprimoramento.

CAPÍTULO DOZE

Uma vida ótima é transmitida através das gerações

O grande perigo quando se trata de comunicação entre gerações é que cada uma tem certeza de que sabe *exatamente* como é a outra. Por exemplo, nós, de certa idade, temos certeza de que sabemos como seria participar de uma reunião do conselho administrativo de uma empresa dirigida por uma pessoa muito jovem, certo? Sabemos que todo o mundo ficaria no Twitter, grudado em seus smartphones, mandando mensagens sobre suas opiniões, de cabeça baixa, com os polegares ocupados.

Sabemos que não gostaríamos disso; que, definitivamente, preferiríamos uma reunião em que o CEO pelo menos a formalizasse entregando um papel com algumas menções a "coisas que estão acontecendo na empresa".

Bem, surpresa! Levando esse único pedaço de papel amarelo para a sala de reuniões é exatamente como Mark Zuckerberg, CEO do Facebook, inicia suas reuniões do conselho, da mesma

Uma vida ótima é transmitida através das gerações

forma que fazia quando o Facebook estava só começando. E Mark tem 35 anos.

Chegou longe, apesar do estereótipo!

Procurar o inesperado

Devido à maior expectativa de vida da população, não é raro que qualquer reunião, seja de família ou profissional, junte quatro gerações diferentes, todas existindo entre as mesmas quatro paredes, todas esperando se relacionar bem. As pesquisas mostram que é a comunicação entre duas ou mais pessoas que ajuda a definir o relacionamento entre elas.

Em nossa sociedade, os avós são chamados a criar os netos, por isso é duplamente importante que a comunicação seja clara. Ela é o que permite que os membros da família exponham suas necessidades — que estão em constante mudança — e também oferece os meios para que cada um possa aprender como funcionar melhor como uma unidade coesa.

E isso é uma via de duas mãos. Não são só crianças que devem se esforçar para entender. As gerações mais velhas também devem se familiarizar com os desafios que seus netos enfrentam: drogas, violência e atividade sexual, para citar apenas três.

Tom Boyle, diretor do Learning Technology Research Institute, no Reino Unido, cunhou o termo NQ, de Network Quotient (Quociente de Conexão — QC), que é a capacidade de estabelecer conexões com outras pessoas. Segundo Boyle, o QC é mais importante que o QI quando é necessária a comunicação entre gerações. Cada geração que vive e trabalha lado a lado tem sua

A vida é curta, que seja ótima!

própria mentalidade, estilo de trabalho e formas de comunicação. Nenhum tipo de equipe, familiar ou profissional, é possível sem superar essas diferenças.

A seguir estão os grupos geracionais com que lidamos hoje em dia, seja na família, na sociedade ou no trabalho.

Tradicionalistas ou veteranos: nascidos entre 1925 e 1944, os tradicionalistas têm 76 anos ou mais e representam aproximadamente 75 milhões na força de trabalho. Ao nos comunicarmos com eles, construímos confiança por meio de uma linguagem inclusiva, como "nós". Palavras são evangelho; devem se inclinar para o formal e ser congruentes com a linguagem corporal. Eles não compartilham seus pensamentos sem confiança e não gostam de perder tempo. Preferem a comunicação presencial ou por escrito.

Baby boomers: nascidos entre 1945 e 1964, os *baby boomers* vão de 56 a 75 anos e representam aproximadamente 80 milhões na força de trabalho. Com eles, falamos em um estilo aberto e direto, com muita linguagem corporal. Respondemos a perguntas de maneira franca e completa e podemos esperar ser pressionados para fornecer mais detalhes. Não usamos linguagem controladora e manipuladora, e pedimos ou fornecemos opções para demonstrar um pensamento flexível. Usamos comunicação presencial ou eletrônica.

Geração X: nascidos entre 1965 e 1981, a geração X tem entre 39 e 55 anos e representa cerca de 46 milhões na força de trabalho, constituindo o menor grupo de trabalhadores, segundo o Departamento do Trabalho dos EUA. Nós aprendemos a língua deles e a falamos. Somos breves e concisos para prender sua atenção, desafiando-os e pedindo sua opinião. Compartilhamos informações com eles de forma imediata e frequente, usando um estilo de comunicação informal, ouvindo e mostrando respeito por suas opiniões. Usamos o e-mail como principal meio de comunicação.

Millennials, nexters ou geração Y: nascidos entre 1980 e 2000, os *millennials* têm entre 20 e 40 anos de idade e representam 76 milhões na força de trabalho. Deixamos que as palavras pintem imagens visuais para inspirá-los, motivá-los e mantê-los focados. Usamos verbos para desafiá-los, nunca somos condescendentes e demonstramos respeito por meio de nossa linguagem. Buscamos constantemente seu feedback, usando humor, incentivando-os a pensar fora da caixa e desafiando-os a explorar novos caminhos ou opções. Usamos e-mails, mensagens de texto, mensagens instantâneas e correio de voz como principais ferramentas de comunicação.

Diferenças saudáveis promovem crescimento

O sistema de Dale Carnegie oferece informações para nos ajudar a respeitar e valorizar diferentes gerações, e a nos identificarmos com elas. Quando aprendemos a nos conectar e comunicar de maneira mais eficaz, as diferenças são vistas como saudáveis, ao invés de perturbadoras, pois oferecem oportunidades interessantes para colaborar em soluções inovadoras.

A vida é curta, que seja ótima!

Relações bem-sucedidas entre gerações são mais prováveis quando cada parte aproveita as seguintes sugestões:

- interesse-se pelas diferenças geracionais. Não as despreze de imediato;
- conheça sua própria geração. Características diferentes das nossas podem nos surpreender. Certamente, tomar consciência delas abrirá seus olhos e mudará suas atitudes;
- conheça outras gerações e suas características, pelo menos em termos gerais;
- evite guardar ressentimentos por confrontos com outras gerações;
- alimente sentimentos positivos em relação a gerações diferentes. Em outras palavras, não alimente o negativo e, quando perceber sentimentos positivos, incentive-os;
- concentre a atenção em seus pensamentos, sentimentos e comportamento, permaneça atento, e não inconsciente e tomado por reações impensadas;
- reconheça que suas percepções afetam todos os seus encontros. A percepção é tudo;
- esteja ciente do impacto que seu comportamento tem sobre outras gerações.

Não é agora ou nunca

Certas atitudes, princípios e conceitos positivos devem ser executados de forma consistente para garantir sucesso e eficácia ao lidar com pessoas diferentes de nós. Muito pouco é integrado o suficiente para se tornar um novo comportamento em uma única tentativa.

Veja algumas dicas valiosas para o entendimento entre gerações:

- **Para veteranos (1925-1944)**

Ao conversar com outros veteranos, a coisa funciona bem em uma estrutura na qual cada um conhece seu status. Vocês devem solicitar ideias um do outro para se manterem atualizados e usar as habilidades de relações humanas para se relacionarem bem.

Ao conversar com *boomers*, seja caloroso e amigável. Faça perguntas e evite lhes dizer o que fazer. Você deve deixar que eles digam como as coisas estão indo e pedir permissão para dar sugestões sobre melhorias.

Ao conversar com a geração X, você deve reconhecer que a independência é lógica para eles. Forneça-lhes o resultado final necessário e permita que assumam responsabilidades. Permita que eles tenham liberdade para realizar as coisas do jeito deles.

Ao conversar com os *millennials*, você perceberá que essa é a geração mais parecida com a sua; eles têm senso de dever cívico, moralidade e otimismo. Você pode aprender com as impressionantes habilidades tecnológicas deles e trabalhar junto para realizar coisas.

- **Para Boomers (1945-1964)**

Ao conversar com veteranos, valorize o conhecimento, a sabedoria e a experiência deles. Reconheça que a necessidade deles de horas e responsabilidades estruturadas demonstra lealdade e comprometimento.

Ao conversar com outros *boomers*, você verá que vocês trabalham bem em equipe, respeitam as opiniões e necessidades uns dos outros e focam nos resultados necessários. Defenda confortavelmente suas crenças.

Ao conversar com a geração X, aproveite a capacidade deles de adaptação rápida e independente. Ajude-os a desenvolver as habilidades necessárias para crescer.

Ao conversar com *millennials*, perceba que eles funcionam bem em equipe, assim como você. Dê o exemplo apresentando suas habilidades para se relacionar e o valor de focar nos outros.

- **Para a Geração X (1965-1981)**

Ao conversar com veteranos, você deve ter paciência com a curva de aprendizado deles em termos de tecnologia e lhes oferecer estrutura. Você deve lhes dar apoio e manter uma atitude de respeito, especialmente se precisar atribuir-lhes tarefas.

Ao conversar com *boomers*, incentive-os a ler e aprender mais sobre tecnologia, se for esse seu papel na vida deles. Você deve reconhecer que trabalhar por longas horas é, em geral, a maneira deles de contribuir.

Ao conversar com outras pessoas da geração X, você pode ser direto e claro. Ambos valorizam a necessidade de liberdade e independência. Você pode usar suas habilidades de relações humanas para evitar mal-entendidos.

Uma vida ótima é transmitida através das gerações

Ao conversar com a geração *millennials*, respeite as habilidades tecnológicas desses jovens profissionais e aproveite-as. Você deve aproveitar a necessidade que têm em comum de se divertir e levar uma vida equilibrada.

- **Para Millennials (1980-2000)**

Ao conversar com veteranos, você perceberá que são parecidos em termos de atitude e perspectiva. Você deve respeitar a experiência deles e aprender os processos e procedimentos nos quais eles têm experiência.

Ao conversar com os *boomers*, você poderá aprender com o senso de trabalho em equipe deles e sua capacidade de tomar decisões coletivas. Você poderá ajudá-los a aprender tecnologia em um ambiente encorajador.

Ao conversar com a geração X, aprenda com a praticidade deles e use a autoconfiança deles como fator de equilíbrio e um elogio à dinâmica do grupo.

Ao conversar com outros *millennials*, você deve trabalhar em equipe e saber como reunir recursos para realizar coisas. Seria bom que procurasse mentores para crescer de maneiras diferentes.

Quebrando o gelo delicadamente

Se cada geração se esforçar, é menos provável que as diferenças de opinião serão automaticamente atribuídas à diferença de idade entre as pessoas envolvidas. Mas as habilidades de comunicação não se desenvolvem da noite para o dia; elas precisam de tempo.

Especialistas recomendam começar com um assunto seguro, usando uma ferramenta de conversação conhecida como quebra-gelo, construindo um diálogo a partir daí, até que se encontrem semelhanças e se estabeleça uma relação. Assim, o envolvimento mais profundo na vida um do outro parecerá mais natural.

Quando o assunto é participar da vida dos outros e tentar se comunicar entre as gerações, em geral filmes não geram muita discussão provocativa. Mas, se o filme for escolhido por um membro de uma geração que busca melhor compreensão de outra, poderá ser usado como um fórum de perguntas, respostas e interpretação. Quando um avô e um neto assistem *Casablanca* e *Trainspotting* juntos, por exemplo, sem dúvida haverá perguntas de ambos os lados.

O meio diz tudo

Lacunas na comunicação parecem ser incentivadas pelo modo como a mídia se desenvolve no decorrer dos anos. Veteranos e tradicionalistas cresceram ouvindo rádio, o que os incentivou a usar a imaginação. As famílias ouviam rádio juntas e conversavam sobre o que escutavam.

Os *boomers* cresceram assistindo à televisão, cujas dicas verbais e não verbais os ajudavam a interpretar as histórias.

A geração X cresceu usando a internet, focando exclusivamente na palavra escrita e, em grande parte, funcionando isoladamente, apesar da ilusão de "comunidades" virtuais, em alguns casos.

A geração *millennials* cresceu com redes, com informação acessível a qualquer hora, em qualquer lugar e sem necessidade de interação humana.

O resultado é: quatro estilos de comunicação diferentes, e cada geração com a certeza de que é perfeitamente compreendida pelas outras três. Mas há um elemento com o qual cada uma delas pode concordar: a necessidade de dar e receber agradecimentos, elogios e reconhecimento sinceros. A fórmula de Dale Carnegie para ser bem-sucedido nisso, seja elogiando realizações ou traços e pontos fortes de caráter, sugere:

1) dizer ao destinatário do elogio o que você admira nele;
2) a seguir, explicar por que você disse o que disse. Que evidência tem para embasar o que disse? Isso dá credibilidade a suas palavras e as distingue da bajulação. "Estou dizendo isso porque..." e depois, faça uma pergunta, para fazer o outro falar.

CAPÍTULO TREZE

Encontre grande satisfação em contratar ou ser contratado

Se você criar um ambiente em que as pessoas realmente participem, não precisará de controle. Elas sabem o que precisa ser feito e o fazem.

HERB KELLEHER, COFUNDADOR DA
SOUTHWEST AIRLINES

Ao contratar funcionários, seria bom contratar pessoas engajadas. São os seguintes atributos que queremos ver em funcionários engajados:

- atitudes positivas, capacidade de espalhar energia positiva;
- profunda integridade;
- orgulho de seu trabalho;
- compromisso e disposição para ir além;
- disposição para aceitar responsabilidades;
- autoconfiança e energia;

Encontre grande satisfação em contratar ou ser contratado

- iniciativa, motivação, disciplina;
- conexão intelectual e satisfação pessoal;
- criatividade, imaginação, espírito inovador;
- capacidade de trabalhar em equipe e de dar apoio aos outros;
- interesse e envolvimento;
- expressão de opinião favorável acerca da empresa.

Regras de engajamento de Dale Carnegie no trabalho

Praticando o discurso: demonstre entusiasmo e engajamento total com sua empresa, seu trabalho e seus funcionários. Conheça sua equipe e colegas e interesse-se por eles como indivíduos. Descubra o que os motiva, o que eles querem alcançar e por que isso é importante para eles.

Conquiste confiança, respeito e credibilidade: cumpra promessas e compromissos, guarde confidências e comporte-se de forma consistente, justa, racional, honesta e ética. Seja autêntico e acessível.

Combine a pessoa certa com o cargo certo ao contratar: ao conhecer os pontos fortes e os estilos de trabalho de seus funcionários, você pode fazer o melhor uso de seus talentos e habilidades individuais.

Aproveite os pontos fortes: desenvolva os pontos fortes de um indivíduo, em vez de focar em suas fraquezas. Sem ignorar as

A vida é curta, que seja ótima!

oportunidades de melhora do desempenho, foque mais energia no que está sendo feito corretamente. Trate cada funcionário como um indivíduo que tem uma contribuição distinta e única. Demonstre confiança delegando e capacitando.

Introduza um propósito nos funcionários: envolva-os em projetos da maneira mais completa possível, comunicando o objetivo geral. Certifique-se de que eles entendam como o departamento contribui para o sucesso da empresa e como suas funções individuais afetam o resultado. Todo o mundo precisa saber que seus esforços fazem a diferença.

Defina expectativas claras e realistas e os resultados esperados: mantenha linhas de comunicação abertas e faça "check-in" regularmente com os funcionários. Mantenha sua equipe constantemente atualizada sobre o andamento e o status dos projetos. Peça feedback de sua equipe sobre o andamento dos projetos e sobre o que você pode fazer para facilitar o trabalho deles.

Peça, não diga o que fazer: obtenha adesão dos funcionários colaborando com eles em projetos, políticas de departamento, regras básicas etc. Incentive a criatividade, a inovação e a tomada de decisões da equipe. Implemente as ideias deles para mostrar que você valoriza suas opiniões e confia em seus conhecimentos.

Aprenda a ouvir com empatia: ouça com os olhos, ouvidos e coração. Ouça sem julgamento para entender seus funcionários e se conectar com eles.

Encontre grande satisfação em contratar ou ser contratado

Demonstre força e sensibilidade: comunique-se com diplomacia e tato, e aprenda a negociar e a ceder.

Equipe, não restrinja: descubra o que seus funcionários precisam aprender para melhorar, crescer e ser bem-sucedidos. Garanta que eles tenham o tempo e os recursos necessários para um desempenho eficaz e para alcançar seus objetivos.

Promova um ambiente de respeito, onde o trabalho excepcional seja valorizado: ofereça feedback consistente e frequente aos funcionários e valorize e recompense esforços e realizações de maneiras que sejam significativas para os indivíduos.

Ofereça incentivo constante e sincero: ofereça também oportunidades de crescimento e desenvolvimento; oportunidades de mentoria, *coaching* e treinamento. Recompense esforços, não só resultados.

Valorize a diversidade: promova discussões saudáveis, desacordos e diferenças de opinião.

Promova e apoie a construção de conexão entre sua equipe para desenvolver um ambiente compatível e cooperativo: incentive seus funcionários a se conhecerem melhor. Crie oportunidades de comunicação em reuniões, atividades que requerem formação de equipes, almoços em grupo e eventos fora do horário comercial. Ofereça mentores, *coachs* ou alguém com quem eles possam se conectar para ajudá-los a continuar envolvidos quando surgirem problemas.

A vida é curta, que seja ótima!

Incentive a individualidade no espaço e no ambiente de trabalho: permita que os funcionários construam seu espaço com fotos, cores, plantas, itens inspiradores, troféus etc.

Jogadores A, B e C

- **Jogadores A**

Jogadores A são ambiciosos, empreendedores, desejam ser promovidos e colocam a carreira em primeiro lugar.

Jogadores A são carismáticos, têm autoestima alta e agitam as coisas quando necessário.

Jogadores A tendem a se envolver na política interna de uma organização.

Jogadores A têm muita energia, funcionam sob pressão e fazem as mais altas demandas à administração.

- **Jogadores B**

Jogadores B são capazes e firmes, dão grande importância ao equilíbrio entre trabalho e vida fora do trabalho.

Jogadores B produzem um bom trabalho, consistentemente, e são confiáveis. São autossuficientes.

Jogadores B ignoram as fofocas e a politicagem e continuam trabalhando. São uma fonte de continuidade.

Jogadores B são de baixa manutenção, são vistos como "pés no chão" e costumam ser bons para lidar com problemas, porque são longevos dentro de uma organização e já passaram por todas as mudanças e reestruturações.

Encontre grande satisfação em contratar ou ser contratado

- **Jogadores C**

Jogadores C esforçam-se pouco, trabalham só o necessário.
Jogadores C não se esforçam para melhorar.
Jogadores C não são muito proativos.
Jogadores C farão o que lhe pedem e nada mais.

Pense que tarefas ou trabalhos podemos atribuir a cada tipo acima. Que tipo você é? Jogadores A oferecem desafios; os B fornecem segurança; os C fornecem estrutura.

Dicas para motivar as quatro personalidades comuns do local de trabalho. Onde você se encaixa nessa lista? Com quem prefere trabalhar?

Materialista: esses funcionários costumam trabalhar e não se divertir. Em geral, vivem para trabalhar e são motivados pelos títulos, autoridade e realizações. Motive-os com bônus, promoções, incentivos profissionais etc.

Esponja: esses funcionários em geral são motivados pelo aprendizado de coisas novas, desafios, novos projetos, *brainstorming*, inovação e criação. Motive-os com oportunidades de treinamento e procure workshops, conferências e seminários de que possam participar.

Conector: essas pessoas em geral são motivadas pela colaboração e socialização com outras e pelo trabalho em equipe. Motive essas pessoas com prêmios, fotos, placas e reconhecimento público pelos papéis que representam em suas equipes.

A vida é curta, que seja ótima!

Equilibrador entre vida profissional e pessoal: essas pessoas são tipicamente motivadas pela liberdade de realizar seus hobbies pessoais e objetivos profissionais. Provavelmente trabalham para viver, não vivem para trabalhar. Motive-os com incentivos pessoais, como folgas, vales-presentes para eventos ou restaurantes etc.

> *A principal razão de as pessoas saírem de uma empresa não é remuneração ou benefícios inadequados. É o relacionamento do dia a dia com seu superior imediato.*
>
> JOHN PUTZIER,
> ESCRITOR SOBRE NEGÓCIOS

Você acha que o dinheiro é o único agente motivador no trabalho? Pense bem.

O que motiva os funcionários? As descobertas de vários pesquisadores são surpreendentes e esclarecedoras. Parece que a aumento salarial não é a única motivação no trabalho — nem de longe. Qualidade de vida e um futuro promissor são grandes motivadores quando se trata de retenção de empregos. Algumas dessas descobertas podem muito bem nos dar ideias sobre vantagens que podemos obter no trabalho, coisas que nunca pensamos em buscar ou solicitar a nossos superiores.

Pesquisadores descobriram que os seguintes fatores desempenham um papel importante na geração de uma força de trabalho feliz e motivada:

Encontre grande satisfação em contratar ou ser contratado

- **Interação humana satisfatória**

A maneira como os funcionários se sentem acerca de seus relacionamentos no local de trabalho é considerada extremamente importante para o modo como se sentem em relação ao trabalho em geral. Quando lhes perguntaram o que era mais importante para eles em relação ao trabalho, 41% dos entrevistados em um estudo de 2010 da Badenoch & Clark responderam "as pessoas". Nenhum outro aspecto da experiência de trabalho foi avaliado tão bem. Essa ideia é sustentada pelo pesquisador Dan Buettner. Nos estudos que fez sobre o que faz as pessoas felizes para seu livro *Thrive: Finding Happiness the Blue Zones Way*, Buettner descobriu que, em termos gerais, as pessoas mais felizes eram as que socializavam com frequência.

- **Intimidade interpessoal**

Quando era estudante pesquisador do Media Lab's Human Dynamics Laboratory do MIT, em meados dos anos 2000, o CEO da Sociometric Solutions Ben Waber descobriu que os funcionários prosperam quando sentem que têm um relacionamento próximo com outras pessoas no trabalho. Um fator crítico, diz Waber, é "ter um grupo unido com o qual você possa se solidarizar. Isso é evidente em várias empresas e culturas: um grupo restrito permite que os funcionários desabafem e obtenham apoio. Também permite a troca de informações e dicas complexas". E vale a pena notar que Waber incentiva as pessoas a se levantarem da mesa e caminharem pelo escritório conversando com outras pessoas. Enviar e-mails para os colegas não é um bom substituto da interação cara a cara.

A vida é curta, que seja ótima!

- **Enfrentar um desafio difícil**

A satisfação no trabalho tem sido correlacionada com a responsabilidade por tarefas demandantes. Ao pesquisar para seu livro *Evolve!*, Rosabeth Moss Kanter, professora da Harvard Business School, descobriu que a felicidade no trabalho em geral anda de mãos dadas com a dedicação a questões difíceis de verdade. Ela citou "transformar as escolas do centro da cidade" e "encontrar soluções para os sem-teto ou para água potável não segura" como tipos de trabalho que fornecem recompensas aos envolvidos. Moss Kanter diz que "claro, desafios assustadores às vezes são desanimadores", mas ela afirma que os altos e baixos vividos por aqueles que se esforçam para atingir objetivos difíceis mostram um nível mais alto de felicidade profissional em geral que a sentida por aqueles que não são desafiados no trabalho.

- **Um chefe agradável e eficaz**

O trabalho de Dan Buettner (mencionado acima) enfatiza a importância de se ter um bom chefe. Todos nós sabemos que um supervisor desagradável pode atrapalhar o trabalho — e os dados embasam isso. Um estudo publicado na edição de dezembro de 2012 do *Journal of Business and Psychology* determinou que a medida de apoio ou não que os funcionários percebem receber de seus chefes pode afetar sua sensação de felicidade. Os funcionários relataram que seus níveis de infelicidade aumentam com chefes que eles acham que não os apoiam e não alimentam suas conquistas no trabalho. E o estresse de ter um chefe ruim pode ter um impacto muito negativo sobre a saúde. Um estudo realizado no início dos anos 2000 com 3.000 trabalhadores do sexo masculino na Suécia descobriu que os funcionários que consideravam seus gestores menos competentes tinham um risco 25% maior de ter um problema cardíaco grave. Os pesquisadores recomendaram que os gestores fizessem questão de fornecer aos funcionários objetivos de trabalho claros e autonomia para alcançá-los.

- **Foco nas recompensas não relacionadas à remuneração**

Em um artigo que analisa estudos sobre salários e sua relação com a motivação dos funcionários, publicado pela rede de blogs *Harvard Business Review* em abril de 2013, Tomas Chamorro-Premuzic escreveu que não se encontrou correlação entre quanto as pessoas ganham e a felicidade no trabalho ou a qualidade do desempenho. "De fato", diz ele, "pesquisas sugerem que mesmo que deixemos que as pessoas decidam quanto devem ganhar, elas provavelmente não apreciarão mais seu trabalho por isso". O autor observa que uma meta-análise da questão realizada por Timothy Judge e colegas, publicada no número 77 do *Journal of Vocation Behavior*, sintetizou mais de 92 estudos. A conclusão foi: "A associação entre salário e satisfação no trabalho é muito fraca. A correlação relatada [...] indica que há menos de 2% de sobreposição entre os níveis de remuneração e satisfação no trabalho".

A vida é curta, que seja ótima!

O desejo de um trabalhador de fazer um bom trabalho não tem preço. É um dos componentes principais de um negócio de sucesso. A firme vontade de uma empresa de valorizar e apreciar pagará dividendos, criando um ambiente de trabalho otimizado, melhor comunicação bidirecional, maior produtividade, melhor atendimento e lealdade ao cliente e, por fim, um negócio florescente.

NOELLE NELSON,
ESCRITOR E ESPECIALISTA EM
RECONHECIMENTO DE FUNCIONÁRIOS

PARTE IV

ENFRENTANDO OS DESAFIOS DA VIDA

CAPÍTULO CATORZE

Para uma vida ótima, delegue!

A MAIOR CAUSA DE FRACASSO DOS GESTORES É A
INCAPACIDADE DE DELEGAR.

J.C. PENNEY

Seja em termos de liderança de tropas de escoteiros, de um grande comitê corporativo ou da organização de um bazar de igreja, delegar é a resposta para evitar o esgotamento e uma receita para o progresso. Delegar não só nos ajuda, como também desenvolve e treina os outros. Mas é importante acompanhar e comunicar padrões de desempenho claros ao delegar.

Aqui estão algumas perguntas a serem respondidas que deixarão claro se você precisa delegar ou não.

- Você leva trabalho para casa?
- Você ainda cuida de coisas que fazia antes de sua última promoção?
- Você é interrompido com frequência por pessoas que lhe pedem conselhos e informações?

A vida é curta, que seja ótima!

- Você cuida de detalhes que outras pessoas poderiam resolver?
- Você percebe que participa de muitos projetos?
- Você trabalha mais horas que os outros?
- Você gasta seu tempo realizando para os outros tarefas que eles mesmos poderiam fazer?
- Você acha que está atolado quando volta depois de alguns dias?
- Você se envolve em projetos que julgou ter dado a outra pessoa?

As cinco dicas de produtividade

O treinamento de Dale Carnegie ensina que existem seis maneiras de lidar com a sobrecarga de trabalho, e algumas são melhores que outras.

Descartar e largar são as menos recomendadas; fazer e distribuir recebem uma classificação "média", e delegar é, de longe, a mais eficaz.

Não delegue levianamente

A decisão de delegar deve ser tomada com os seguintes passos em mente:

Passo 1: identifique a pessoa ou oportunidade certa

Que projeto ou tarefa poderia ser delegado — não descartado — para alguém de minha equipe? Onde há uma oportunidade de desenvolver pessoas? Identifique quem está pronto para mais um passo no crescimento.

Passo 2: encontre a pessoa certa para o trabalho

Faça uma reunião com quem já esteja preparado para a oportunidade certa. Analise todos os fatos antes de delegar.

Passo 3: convença da necessidade ou oportunidade. Certifique-se de que seja vista como boa para todos

Em sua reunião, mostre os benefícios de aceitar o trabalho. Se não houver benefícios para essa pessoa, provavelmente você estará descartando, e não delegando. Encontre uma maneira de fazer que a tarefa seja vantajosa para ambos. Esteja atento à carga de trabalho e preparado para ajudar os outros a delegar parte do trabalho em outra pessoa, se possível.

Passo 4: revise o plano com a pessoa. Crie um plano de ação

Depois que a tarefa for aceita, dê tempo à pessoa para refletir sobre os resultados e como ela os alcançará. Trabalhem juntos em um plano de ação que descreva o que deve ser feito e como. Ou guie a pessoa para que crie esse plano.

Passo 5: treine e ensine

Mostre à pessoa em quem delegou como fazer coisas que talvez lhe sejam desconhecidas. Treine-a na primeira vez para garantir que as coisas sejam feitas corretamente. Pode levar um pouco mais de tempo da primeira vez, mas, depois, você vai começar a se libertar desse trabalho, tarefa ou projeto e poderá passar a usar o tempo que sobrar de maneira mais produtiva.

Passo 6: abra mão

Assegure-se de que o outro está habilitado para realizar o trabalho. Quando for a hora certa, abra mão, da maneira que for confortável para ambos, a fim de alcançar os resultados. Resista ao desejo de continuar em cima, mas, por outro lado, não abdique de todo o controle. Encontre um equilíbrio que funcione para vocês e que permita ao outro fazer as coisas de seu jeito, mas com certo grau de mensurabilidade e de responsabilidade incorporados.

Passo 7: recompense e comemore sucessos

Reconheça movimentos grandes e pequenos na direção certa, proporcionalmente. Elogie informalmente na forma de tapinhas nas costas e formalmente da maneira apropriada.

Você não delegou com sucesso se... Assumiu de novo a mesma responsabilidade.

Novas responsabilidades andam de mãos dadas com o ato de delegar e, com isso, a tentação de assumir a tarefa de novo ou deixá-la no limbo. É a linguagem que usamos que nos dirá se delegamos por completo ou não.
    Você assume a tarefa de novo quando diz:

"Deixe-me pensar em..."

Para uma vida ótima, delegue!

"Avisarei quando..."
"Deixe aqui, eu vou..."
"Vou ver com..."
"Farei um esboço de..."
"Depois que eu terminar…"

Com frases assim você não delega. A tarefa permanece com você, independentemente do que mais tenha sido dito. Não haverá progresso enquanto você não corrigir isso.

Ou a deixa no limbo…
"Mande-me um memorando e…
"Fale com..."
"Esboce uma proposta e..."
"Fale comigo mais tarde sobre..."
"Avise se precisar de ajuda..."
"Vamos ter que fazer alguma coisa..."

Você saberá que delegou quando disser:

"Eu sei que você é capaz de fazer..."
"Estou contando com você para..."
"Eu lhe dei essa tarefa porque..."
"O que você vai fazer para...?"
"Qual é seu plano para...?"
"Eu sei que você vai resolver..."

Com frases como essas, fica claro que a responsabilidade mudou de mãos. Você delegou completamente e o progresso será muito mais provável.

CAPÍTULO QUINZE

Lidar com pessoas difíceis pode gerar ótimos resultados

Muitas vezes evitamos pessoas difíceis, porque confrontar a pessoa ou a situação, pode ser exaustivo e emocionalmente desgastante. No entanto, evitar essas pessoas ou situações pode ter um resultado pior. Pode levar a conflitos não resolvidos e a falhas de comunicação, que desperdiçam enormes quantidades de tempo e energia, podem destruir nosso ânimo e afetar nossa produtividade e paz.

Para ser agradável, basta interessar-se por outras pessoas e por outras coisas, reconhecer que as outras pessoas em geral são muito parecidas com nós mesmos, e com gratidão admitir que a diversidade é uma característica gloriosa da vida.

FRANK SWINNERTON

No cerne do treinamento Dale Carnegie está a crença de que, em qualquer situação ou relacionamento, a única coisa que podemos controlar é a nós mesmos. É importante reconhecer que nossas percepções, preconceitos, atitudes, comportamentos, sentimentos e estilo de comunicação podem ajudar ou atrapalhar a situação.

Lista de coisas sob nosso controle

Talvez seja uma boa ideia dar uma olhada na lista de ações que Dale Carnegie sugere que tomemos na tentativa de lidar com pessoas difíceis, obter cooperação e reduzir conflitos. Você pode classificá-las de 1 a 10, sendo 1 o que faz melhor e 10 a ação que tem mais oportunidade de melhora:

- dê aos outros o benefício da dúvida;
- conheça seus estressores;
- evite ficar na defensiva ou levar as coisas para o lado pessoal;
- ouça para entender e sintonize na linguagem corporal;
- mantenha uma atitude positiva;
- tente ver as coisas do ponto de vista do outro;
- negocie e chegue a acordos quando for apropriado;
- evite fazer suposições;
- aprenda a dar e a aceitar feedback construtivo.

Qual é sua maior oportunidade de melhora aqui?

> *A barreira mais imutável da natureza está entre os pensamentos de um homem e os de outro.*
>
> William James

A vida é curta, que seja ótima!

Lidar com diferentes tipos de pessoas difíceis

A menos que sejam pessoas da família, muitas vezes podemos deixar de lado pessoas mais difíceis... exceto no trabalho. Não podemos evitá-las, visto que trabalham ao nosso lado, mas podemos lidar com elas. Aqui estão alguns tipos de pessoas difíceis e o que esperar delas:

Negativos: essas pessoas são habitualmente negativas e têm uma visão pessimista do mundo. São também conhecidas como mal-humoradas e podem se mostrar irritadas, arrogantes, deprimidas e frustradas. Criticam os outros e sempre reclamam. Os negativos dizem: "Isso nunca vai dar certo"; "Está de brincadeira, não é?"; "Quer apostar?".

Inamovíveis: Também conhecidas como *bullies*, são pessoas que resistem à mudança, tanto de maneira combativa ou passivo-agressiva. Parecem concordar com as mudanças, mas sabotam o processo. Dizem: "Já tentamos isso" ou, em uma situação profissional, "os gestores não sabem como é".

Oito-às-cinco: Essas pessoas trabalham das oito às cinco, nem um minuto a mais nem a menos. São rápidas para afirmar que determinada coisa não é função delas. Fazem o mínimo necessário para sobreviver e receber um salário. Dizem: "Isso não é função minha"; "Não tenho tempo para fazer isso"; "Já deu meu horário".

Fofoqueiros: adoram se meter na vida dos outros e criar distração espalhando boatos. Pessoas que dizem uma coisa em nossa frente e outra pelas costas se enquadram nessa categoria. Sua mesquinhez pode ser um sinal de que são sozinhas e que o trabalho é uma de suas únicas fontes de interação com outros.

Violinistas: eles têm uma postura geral do tipo "ai de mim". Se ficam até mais tarde ou fazem um trabalho extra, depois reclamam da sobrecarga de trabalho. Estão constantemente choramingando dizendo que estão muito ocupados e que outras coisas têm prioridade sobre o que precisamos que eles façam. Dizem: "Eu recebo todas as tarefas difíceis"; "Fiquei aqui até às nove da noite ontem tentando arrumar essa bagunça"; "Não sei para quando vou conseguir, estou com três outras coisas para fazer".

Acusadores: são rápidos em apontar o dedo para qualquer um menos eles mesmos. Essas pessoas sempre têm uma resposta para justificar que não são responsáveis por qualquer erro. Também são especialistas em inventar desculpas e procrastinar. Dizem: "Foi outra pessoa que me passou esses dados"; "Disseram que isso não era prioridade".

Doze dicas para negociar e chegar a acordos com pessoas difíceis

Negociar é o processo de tentar chegar a um acordo para resolver algo. Ceder ou encontrar uma solução mutuamente aceitável é o resultado de negociações bem-sucedidas.

Para chegar a acordos, é preciso ser flexível, ser capaz de gerar soluções alternativas quando "ficamos sem fôlego". Aprender a negociar e a chegar a acordos é essencial para nosso sucesso, seja em uma situação com uma pessoa com quem não conseguimos nos relacionar bem; uma ideia que sabemos que dará certo, mas que outras pessoas relutam em adotar; uma mudança de sistema no trabalho ou em casa; ou uma disputa territorial que precisa acabar.

Vejamos as sugestões de Dale Carnegie:

1. **Tenha uma atitude positiva**

Nossa atitude é essencial para o resultado. Temos uma chance muito maior de obter ganhos mútuos quando vemos a negociação como uma oportunidade de aprender e alcançar um resultado em que ambos os lados saem ganhando.

2. **Encontrem-se em terreno neutro**

Arranje um espaço físico agradável e conveniente para ambas as partes, que seja confortável para todos os envolvidos. Determine quando se reunirão e quanto tempo haverá disponível para isso. Sempre que possível, faça as negociações pessoalmente e tenha cuidado ao usar telefone e e-mail, pois a ausência de expressões faciais, entonação vocal e de outras dicas pode resultar em prejuízo da negociação.

3. **Defina claramente e o assunto**

O problema deve ser declarado com termos simples e factuais. Se a situação for multifacetada, procure dividir o problema maior em partes menores e lidar com uma de cada vez.

4. Prepare-se para a reunião

Dedique tempo para planejar. Não devemos saber só o que está em jogo para nós; precisamos conhecer as preocupações e motivações do outro lado. Leve em consideração todo histórico ou situação passada que possam afetar as negociações. Saiba quais são os pontos obrigatórios (não negociáveis) e os negociáveis. Determine três situações: a melhor solução, um acordo justo e razoável, e um acordo minimamente aceitável.

5. Faça uma autoanálise honesta

Determine seu nível de confiança no outro e no processo. Tenha ciência de aspectos de sua personalidade que possam ajudar ou dificultar o processo.

6. Procure interesses mútuos

Fique do mesmo lado encontrando e estabelecendo semelhanças. Como os conflitos tendem a magnificar as diferenças percebidas e a minimizar as similaridades, procure metas, objetivos ou até queixas comuns que possam ilustrar que ambas as partes estão nessa juntas. Foque no futuro, fale sobre o que deve ser feito e lide com o problema em conjunto.

7. Lide com fatos, não com emoções

Fale de problemas, não de personalidades. Evite a tendência a atacar o outro ou a julgar suas ideias e opiniões. Evite focar no passado ou culpar o outro. Mantenha-se racional e focado em objetivos. Isso despersonalizará o conflito, separará os problemas das pessoas envolvidas e evitará uma postura defensiva.

8. Seja honesto

Não faça joguinhos. Seja honesto e claro sobre o que é importante para você, igualmente importante é ser claro e comunique por que suas metas, problemas e objetivos são importantes para você.

9. Apresente alternativas e forneça evidências

Crie opções e alternativas que demonstrem vontade de chegar a um acordo. Leve em conta a possibilidade de ceder áreas que possam ter alto valor para o outro, mas que não sejam importantes para você. Estruture as opções em termos dos interesses do outro e forneça evidências para justificar seu ponto de vista.

10. Seja um excelente comunicador

Nada demonstra mais determinação para encontrar uma solução mutuamente satisfatória para os conflitos que aplicar excelentes habilidades de comunicação. Faça perguntas, ouça, reformule o que ouviu para se certificar de que compreendeu e tenha um interesse genuíno pelas preocupações do outro. Reduza a tensão usando o humor, deixe o outro "desabafar" e valorize as opiniões do outro. Foque menos em sua posição e mais em maneiras de avançar rumo a uma solução ou acordo.

11. Encerre a negociação em bons termos

Faça uma proposta que permita que todos saiam ganhando e assegure-se de que todos os envolvidos saiam sentindo que "venceram". Sele o acordo com um aperto de mãos, definam juntos as etapas da ação, quem será o responsável por cada uma, como o sucesso será medido e como e quando a decisão será avaliada. Esteja aberto para chegar a um impasse por questões não críticas — concorde em discordar.

12. Curta o processo

Valorize os benefícios de conhecer o ponto de vista dos outros. Algumas pessoas relatam que depois de superar um conflito e chegar a um acordo, a relação fica ainda mais forte. Reflita e aprenda com cada negociação. Determine os critérios para avaliar o processo e a solução.

Outras sugestões de Dale Carnegie para lidar com pessoas difíceis são:

Mostre preocupação ou interesse genuínos. Respeite a privacidade das pessoas. Faça perguntas. Lembre-se de que as perspectivas das pessoas são influenciadas por experiências de vida. Assuma alguns riscos. Seja honesto e transparente. Ouça sem julgamento. Reconheça que você também tem sua própria "bagagem".

Coisas a evitar: bisbilhotar, fazer suposições, levar as coisas para o lado pessoal e "resolver o problema do outro".

CAPÍTULO DEZESSEIS

Todo conflito pode ter uma ótima resolução

Quando o velho John D. Rockefeller estava fundando a Standard Oil Company, disse: "A capacidade de lidar com pessoas é uma commodity tanto quanto o açúcar ou o café, e pagarei mais por ela do que por qualquer outra sob o sol".

Hoje, a capacidade de lidar com as pessoas é ainda mais importante, devido às pressões de nossos ambientes acelerados. Ser capaz de lidar com conflitos de maneira produtiva é uma das habilidades mais desafiadoras para se adquirir. Os conflitos do dia a dia podem minar o melhor dos planos e projetos e a equipe mais bem-intencionada, seja no trabalho ou na família.

> *Não tenha medo da oposição. Lembre-se, uma pipa sobe contra o vento, não com ele.*
>
> HAMILTON WRIGHT MABIE

Todo conflito pode ter uma ótima resolução

Um novo olhar sobre o conflito

Dale Carnegie ressalta que o conflito, que muitas vezes recebemos com ansiedade em casa, é, na verdade, uma parte normal da atividade profissional. Poucas operações são perfeitas e sempre ocorrem erros que precisam ser resolvidos. O resultado disso é o que pode ser visto como conflito.

Os conflitos realmente oferecem boas oportunidades para demonstrar flexibilidade e carisma.

Há um lado emocional neles, que precisa ser tratado com ênfase igual à dada à solução da situação real.

O lado positivo é que, como em quase todos os relacionamentos, quando tratamos os problemas e encaramos o conflito como uma experiência de crescimento, o relacionamento pode se tornar ainda mais forte.

Avalie suas reações ao conflito

Pontue sua reação às afirmações seguintes. Leia cada item cuidadosamente e atribua-lhe um número segundo o gabarito.

1 — Raramente
2 — Às vezes
3 — Na maioria das vezes

1. _____ posso ser influenciado pelo ponto de vista de outras pessoas.
2. _____ rompo relações com as pessoas com quem não concordo.

A vida é curta, que seja ótima!

3. _____ abordo a questão com diplomacia e não ataco o indivíduo.
4. _____ acho que os outros tentam me "intimidar".
5. _____ expresso meus pensamentos e crenças com tato quando diferem dos que foram expressos.
6. _____ em vez de dar minha opinião quando discordo de alguém, guardo-a para mim.
7. _____ ouço o ponto de vista dos outros com mente aberta.
8. _____ deixo que minhas emoções me dominem.
9. _____ levanto a voz para defender meu ponto de vista.
10. _____ costumo menosprezar os outros quando defendo meu ponto de vista.
11. _____ busco maneiras de negociar com os outros e chegar a acordos.
12. _____ dizem que sou muito agressivo.
13. _____ asseguro-me de que minha opinião seja ouvida em qualquer controvérsia.
14. _____ acho necessário o conflito nas reuniões.
15. _____ sou o mais veemente nas reuniões ao tentar expressar meu ponto de vista.

Pontuação:

Some a pontuação das perguntas 1, 2, 4, 6, 8, 9, 10, 12, 13, 14, 15.
Total: _____

Subtraia a soma da pontuação das perguntas 3, 5, 7, 11.
Total: _____

O que significa sua pontuação?

1-4 — Passivo: talvez você seja muito frouxo e permita que pessoas difíceis não o respeitem. Será bom para você aprender a defender suas ideias e opiniões com diplomacia e tato.

5-10 — Assertivo: você é profissionalmente assertivo ao lidar com as pessoas, especialmente pessoas difíceis. Continue aberto a ouvir diferentes pontos de vista e expresse suas ideias e opiniões adequadamente.

11 e acima — Agressivo: você é tão combativo que as pessoas evitam interagir com você. Será bom para você aprender a ouvir e expressar suas opiniões de maneira mais eficaz.

Ideias para lidar com conflitos interpessoais

- Pergunte a si mesmo: "Quanto meus vieses e preconceitos pessoais afetam esse relacionamento?".
- Anote três comportamentos que você pode mudar para reduzir o conflito nesse relacionamento. Comprometa-

-se a acompanhar essas mudanças por pelo menos três meses.
- Pergunte à outra pessoa envolvida como você pode neutralizar o conflito existente.
- Incentive comentários que possam parecer brutalmente honestos.
- Coloque-se na posição do outro. Como você acha que ele vê seu compromisso com a redução de conflitos no relacionamento de vocês? Por quê?
- Faça uma lista dos cinco pontos positivos que você vê no outro. Depois, liste cinco benefícios que você pode obter com a melhora desse relacionamento.

Ideias para lidar com conflitos sobre a direção

- Pergunte a si mesmo: "Sou claro sobre a direção a seguir ou sobre minha visão?".
- Esclareça a discrepância para que possa ser facilmente descrita em palavras neutras, e tome medidas para resolvê-la.
- Peça permissão para resolver a discrepância com o outro de maneira amistosa e sem confrontos, para que possam chegar a um acordo.
- Use "Eu" e "nós", em vez de "você".
- Se houver diferença entre os valores, use sempre o valor mais alto.
- Sele acordos autênticos.

CAPÍTULO DEZESSETE

Manter a calma em meio a conflitos é um grande feito

Emoções fortes, como raiva e desconfiança, são causa e resultado de um mesmo conflito. Essas emoções, em geral, escondem os problemas em conflito. Porém, as emoções são reais, e devem ser tratadas para que o conflito seja resolvido confortavelmente para todos os envolvidos.

Existe um ciclo que muitos conflitos seguem. Começa com um evento que interpretamos de tal maneira que leva ao conflito, e é seguido por uma série de respostas emocionais, físicas e de atitude. Às vezes, fica claro quando os outros estão presos nesse ciclo, mas, em geral, é mais difícil vermos quando nós estamos.

O ciclo começa com um evento que dá início ao conflito. Pode ser algo relativamente insignificante, ou um grande problema. Qualquer evento pode desencadear conflitos:

- algo que foi dito ou ouvido;
- notícias ou fofocas;

A vida é curta, que seja ótima!

- uma interação com outra pessoa;
- uma crise no trabalho.

Interpretação

Aplicamos nossa própria interpretação ao evento. Nossas experiências, inseguranças, preconceitos e atitudes em relação ao evento e à pessoa envolvida são fatores que influenciam nossa interpretação, consciente e inconscientemente. Nossa interpretação do evento é fundamental para as respostas subsequentes que experimentaremos no ciclo:

- acho que essa pessoa me insultou;
- acho que eles não quiseram dizer nada com isso;
- essa notícia está totalmente errada;
- preciso descobrir mais sobre o que ouvi;
- essa pessoa foi muito rude comigo;
- essa pessoa não está tendo um bom dia hoje.

Resposta emocional

Nossa interpretação do evento desencadeia uma resposta emocional. Muitas vezes, o outro desconhece que essa emoção se desencadeou em nós.

Dependendo de nossa interpretação, nossa resposta emocional pode ser:

- raiva, ressentimento, mágoa;
- calma, tranquilidade;
- algo entre uma coisa e outra.

Resposta física

Médicos especialistas estudam há muito tempo a conexão entre nossas emoções e nosso bem-estar físico. É amplamente aceito que questões emocionais normalmente desencadeiam problemas de saúde física. Durante períodos de conflito, não é raro sentirmos:

- insônia;
- nervosismo;
- irritabilidade
- dor de cabeça;
- dor de estômago.

Resposta em atitudes

Quando passamos por situações de conflito, nossa atitude muda inevitavelmente em relação aos envolvidos. Se o relacionamento era amistoso e caloroso antes do conflito, nossa atitude pode mudar notavelmente e passar a ser mais cautelosa e fria. Na pior das hipóteses, nossa atitude poderá se tornar hostil para com o outro depois que a situação de conflito houver passado.

Se o conflito for resolvido de modo a deixar todos satisfeitos, podemos ter uma atitude mais respeitosa e aberta em relação ao outro, mais do que tínhamos antes.

Efeito

Responder ao outro com uma mudança de atitude tem um efeito de longo prazo no relacionamento. Da próxima vez que nos encontrar-

A vida é curta, que seja ótima!

mos em uma situação de conflito com essa pessoa, estaremos em uma posição melhor ou pior para resolvê-lo com êxito, dependendo das atitudes que prevaleceram entre nós na última interação.

O risco da raiva

A interpretação de uma situação de conflito leva a uma resposta emocional. E uma reação emocional comum em uma situação de conflito é a raiva. As pessoas estão o tempo todo sob pressão para tomar decisões importantes em pouco tempo. Sob tais circunstâncias, elas podem ficar com raiva e agir de maneira excessivamente conflituosa, e mais tarde se arrependem disso.

Corremos um risco sério quando nos permitimos espontaneamente ceder à raiva sem a processar cuidadosamente primeiro.

A raiva atrapalha em situações de conflito por:

- prejudicar a confiança;
- provocar julgamentos imparciais;
- levar-nos a desconsiderar a preferência do outro;
- levar-nos a negligenciar nossos próprios objetivos.

Processamento da raiva

Especialistas em gestão da raiva dizem que ela é, em geral, a emoção expressa quando o indivíduo não quer ou não sabe como expressar emoções verdadeiras. Essas emoções costumam obscurecer os problemas do conflito. Em outras palavras, a raiva costuma ser expressa para encobrir:

- Mágoa
- Humilhação
- Vergonha
- Desconfiança
- Decepção
- Frustração
- Confusão
- Preocupação
- Medo
- Vergonha

> *A raiva, se não for contida, normalmente é mais prejudicial para nós que aquilo que a provoca.*
>
> SÊNECA

Expressões emocionais destrutivas

- **Culpar o outro**

Todos nós já vivemos uma situação de conflito em que as pessoas envolvidas passavam mais tempo tentando culpar o outro que resolvendo o problema. Culpar os outros é, claramente, uma maneira de indivíduos e grupos evitarem a própria culpa. Isso raramente — se não nunca — leva à solução do problema em questão.

- **Atacar o outro**

Assim como culpar, atacar é um mecanismo de defesa usado para desviar a responsabilidade pelo resultado do conflito; se o

A vida é curta, que seja ótima!

conflito for inteiramente culpa do outro, não precisaremos mudar para resolvê-lo. Atacar o outro tende a provocar retaliação, escalada destrutiva ou afastamento do outro.

- **Reprimir as emoções**

Tentar reprimir essas emoções parece uma estratégia útil, até que elas acabam saindo. Algumas pessoas aprenderam socialmente a esconder ou reprimir a raiva.

Muita gente já viu um colega ou cliente explodir, em um acesso de raiva inesperado. Nossa reação normal nessas situações é pensar que o outro tem sérios problemas.

Dicas para expressões emocionais saudáveis

- **Tente nomear a emoção com precisão**

Se a raiva surgir, pare e pense na emoção real que você está sentindo. Então, em vez de chamá-la de raiva, dê-lhe o nome certo.

- **Não julgue**

A expressão saudável da emoção se dirige ao problema ou à frustração, sem julgamento e sem condenar o outro.

- **Expresse-se de maneira franca e direta**

Sem joguinhos, sem esconder, sem manipular. Emoções saudáveis são comunicadas honesta e diretamente. Você pode usar uma metáfora para descrever a emoção e ajudar o outro a entender.

- **Não culpe nem ataque o outro**

Não há razão para fazer da expressão de nossa raiva um ataque ao outro. Fale em primeira pessoa ("*Eu* sinto isso...") para que não comece a atacar ou culpar.

- **Deixe claro que não é o outro que causa suas emoções**

O *comportamento* dos outros pode afetar nossas emoções, mas não o *outro*. Se sentir vontade de dizer "Você me deixou com raiva", pare e pense o que foi que realmente o deixou irritado.

Dialogue: discuta o problema

- **Pare e esfrie a cabeça**

Não adianta tentar discutir o problema quando os dois estão zangados. Dê um tempo, deixe os ânimos esfriarem. Pense em outra coisa ou pessoa por um tempo, e reúnam-se de novo quando ambas as partes houverem recuperado o equilíbrio.

- **Converse e ouça o outro**

Não se esconda do outro nem faça voto de silêncio. Converse, expresse-se honesta e abertamente. Use metáforas para descrever suas reações emocionais e físicas. E, acima de tudo, ouça o que a outra parte tem a dizer sem filtrar nem julgar sua mensagem.

- **Descubra o que vocês dois necessitam**

Esses diálogos normalmente giram em torno de reclamações, em vez de focar em soluções. Determine o que cada parte deve obter na situação e lute por uma solução que permita atender às necessidades de todos.

- **Pensem juntos em soluções**

Cada parte do conflito tem uma visão do que seria o resultado ideal para si. O desafio é evitar impor nossas soluções na situação de conflito e permitir que surjam soluções do pensamento criativo conjunto.

- **Escolha a ideia que seja boa para ambos**

Na maioria dos conflitos, um acordo é mais provável que fazer a outra parte aceitar totalmente nossa solução, ou nós concordarmos completamente com a dela. Uma maneira de sair de um ciclo de conflito negativo com outra pessoa é encontrar soluções que ambos considerem justas nessas circunstâncias.

- **Crie um plano e implemente-o**

Para garantir que o conflito não volte a surgir, criamos um novo modelo. Planejamos maneiras de trabalhar em conjunto que reduzam ao mínimo os mal-entendidos e as explosões emocionais. E, mais importante, concordamos e seguimos em frente juntos, sem hesitar.

Exemplo de diálogo em situação de conflito

Para a estruturação do diálogo:
- "Gostaria de me reunir e conversar sobre o problema..."
- "Quando seria um bom horário para você?"

Para o início do diálogo:
- "Boa tarde, obrigado por vir."
- "Pensei em falarmos sobre a questão. Tudo bem para você?"

Para o diálogo em si:
- "Vamos dar nossa interpretação do caso? Gostaria de começar?"
- Ouça atentamente o outro. Não explique, não interrompa e não justifique.
- "Então, o que você disse foi que…" (Recapitule o que você ouviu.)
- "Qual é sua necessidade nessa situação?"
- Descreva sua interpretação em termos diretos e use uma metáfora para descrever sua resposta emocional e física.
- "Para mim, o importante seria..."
- "Então, se encontrarmos uma maneira de obter o que necessitamos, poderemos superar esse conflito?"

A vida é curta, que seja ótima!

Para discutir ideias:
- "Vamos falar sobre algumas soluções possíveis. Em que ideias você andou pensando?"
- "Eu também tive algumas ideias…"

Para chegar a uma solução:
- "Parece que nós dois concordamos em…"
- "Há mais algum problema?"
- "Como você acha que podemos resolver isso?"

Para traçar um plano de ação:
- "Qual deve ser nosso plano daqui para frente?"
- "Como vamos fazer o acompanhamento disso com os outros?"
- "Mais alguém precisa ser comunicado sobre nosso plano?"

Para agradecer:
- "Obrigado por ter concordado em fazer esta reunião."
- "O que admiro em você é..." (Seja sincero.)
- Guarde evidências específicas dessa reunião.
- Assuma o compromisso de aplicar o plano e troque um aperto de mãos com o outro.

CAPÍTULO DEZOITO

Emoções controladas são muito úteis

Algumas pessoas têm mais facilidade para realizar as coisas, e com outras é muito mais fácil trabalhar. O fator que define isso é a inteligência emocional (IE). Inteligência emocional significa estar ciente de nossas próprias emoções, entendê-las e administrá-las (em nós mesmos e com os outros) para obter resultados positivos. QE (Quociente de inteligência emocional) é a medida da inteligência emocional.

Pesquisas mostram que, nos negócios, a energia positiva e o controle emocional resultam em alta produtividade, decisões inteligentes, altas taxas de retenção de emprego, bom ânimo e bom trabalho em equipe. Estudos demonstraram que aumentar o QE geral em qualquer grupo afeta positivamente os resultados. O bom é que, embora nosso QI seja definido no início da idade adulta, o QE pode ser desenvolvido ao longo da vida.

Às vezes, não é tão fácil entender a conexão entre o que pensamos, como nos sentimos e como nos comportamos. É por isso que é muito útil descobrir nosso atual nível de condiciona-

A vida é curta, que seja ótima!

mento emocional, analisar como nossas emoções e "pontos sensíveis" afetam nosso desempenho, e usar dicas para manter a energia positiva e controlar as emoções em situações difíceis.

A competência inteligência emocional

Daniel Goleman, autor de *Inteligência emocional* e *Trabalhando com a inteligência emocional*, define IE como "A capacidade de reconhecer nossas próprias emoções e as dos outros, de motivar a nós mesmos e de administrar bem nossas emoções, em nós mesmos e em nossos relacionamentos".

Mike Poskey, vice-presidente da ZERORISK HR, Inc., uma empresa de gestão de riscos em recursos humanos, com sede em Dallas, identificou cinco competências que contribuem para o sucesso no local de trabalho. As duas primeiras falam de como administramos relacionamentos. As três últimas da maneira como administramos a nós mesmos.

1. **Intuição e empatia:** nossa consciência dos outros, das emoções, necessidades e desafios. Essa competência é importante no local de trabalho porque:

    - ajuda-nos a entender as emoções e as perspectivas dos outros e a sentir o que eles necessitam para crescer, desenvolver-se e dominar seus pontos fortes;
    - melhora nosso serviço ao cliente, permitindo-nos prever e reconhecer as necessidades deles e atender--lhes;

Emoções controladas são muito úteis

- melhora nossa sensibilidade e nossa capacidade de alavancar um ambiente de trabalho diversificado.

2. **Habilidades sociais e retidão política:** nossa habilidade para obter respostas desejáveis dos outros. Essa competência é importante no local de trabalho porque:

    - ajuda que nos comuniquemos de maneira efetiva, a influenciar e persuadir os outros passando mensagens claras e convincentes;
    - melhora nossas habilidades de liderança, trabalho em equipe e a capacidade de administrar mudanças, negociar, resolver conflitos, obter consenso e colaboração.

3. **Autoconsciência:** conhecermos e compreendermos nossas preferências, recursos e intuições. Essa competência é importante no local de trabalho porque:

    - melhora nossa capacidade de reconhecermos nossas próprias emoções e seus efeitos e impactos sobre as pessoas que nos cercam;
    - ajuda-nos a avaliar, entender e aceitar nossos pontos fortes e limitações;
    - aumenta nossa autoconfiança e autoestima.

4. **Autogestão:** administração de nossos estados, emoções e recursos internos. Essa competência é importante no local de trabalho porque:

A vida é curta, que seja ótima!

- melhora nosso autocontrole graças à gestão das emoções negativas;
- aumenta nossa capacidade de ganhar confiança e assumir responsabilidades;
- melhora nossa flexibilidade e conforto diante de mudanças, novas ideias e novas informações.

5. **Autoexpectativas e motivação:** tendências emocionais que orientam ou facilitam o alcance de metas. Essa competência é importante no local de trabalho porque:

- ajuda que nos esforcemos conscientemente e nos comprometamos a atingir nosso padrão de excelência autoimposto;
- aumenta nossa capacidade de motivar a nós mesmos e aos outros e de ser otimistas ao enfrentar obstáculos;
- melhora nossa capacidade de tomar iniciativa graças à automotivação.

* Usado com permissão da ZERORISK HR.

Mais sobre o quociente de inteligência emocional

Os quatro pilares do QE são:

1. Autoconsciência
2. Autogestão
3. Consciência social
4. Gestão de relacionamentos

Emoções controladas são muito úteis

Pesquisas e fatos interessantes sobre QE:

- podemos *aprender* a ter mais consciência emocional e amadurecer na gestão das emoções;
- mulheres e homens têm a mesma pontuação em autoconsciência, mas as mulheres pontuam mais em gestão de relacionamentos;
- dentro de cada profissão, pessoas com os melhores desempenhos têm melhores índice de IE;
- alta IE e alto QE estão diretamente relacionados à alta produtividade;
- pesquisas indicam uma conexão entre alta IE e saúde. Quando temos contato com nossas emoções e sabemos lidar com elas adequadamente, somos menos propensos ao estresse, que pode causar doenças. As pessoas que dominam suas emoções se saem muito melhor quando algo extremo acontece em sua vida.

> *Tento nunca ficar bravo com as influências externas — a arquibancada, um rebote ruim ou o clima. Eu aponto o dedo para mim mesmo. Quando algum problema ou a ansiedade me incomoda, tento evocá-lo, dissecá-lo logicamente e lidar com ele. É por isso que estou jogando melhor. Estou mais à vontade comigo mesmo. Sou mais eu.*
>
> HALE IRWIN,
> JOGADOR DE GOLFE PROFISSIONAL

A vida é curta, que seja ótima!

Razões surpreendentes para melhorar a inteligência emocional nos negócios

- O Hay Group divulgou um estudo realizado com 44 empresas da *Fortune 500* que descobriram que os vendedores com alto QE produziam duas vezes mais receita que aqueles com pontuação média ou abaixo da média.
- Em outro estudo, programadores que estavam entre os 10% com maior índice de inteligência emocional desenvolviam programas três vezes mais rápido que os de competência inferior.
- Um estudo recente realizado por uma corporação em Dallas descobriu que a diferença de produtividade entre seus funcionários com alta e baixa inteligência emocional era de *vinte vezes* maior para os de alta IE.
- Outro estudo na área da construção produziu resultados que mostraram que trabalhadores com baixa inteligência emocional tinham maior probabilidade de se machucar no trabalho.

O tolo dá vazão a sua ira, mas o sábio a domina.

Provérbios 29:11

Veja as dicas de Dale Carnegie para controlar as emoções:

- identifique a emoção que o faz se sentir dessa maneira;
- comunique o que sente com calma;

Emoções controladas são muito úteis

- não permita que suas emoções supurem;
- faça um diário;
- enfrente o problema perguntando: "Qual é a pior coisa que pode acontecer?". Aceite o pior e tente melhorar a situação;
- quando surgir uma situação emocional, pergunte-se:
  — Qual é a emoção?
  — Quais são as causas da emoção?
  — Quais são as reações possíveis?
  — Qual é a reação mais sábia?
- não guarde rancor nem perca tempo tentando se vingar;
- evite ceder a mudanças de humor. Aja de maneira consistente sob várias circunstâncias, a fim de criar confiança;
- elimine o estresse colocando a casa em ordem — não deixe as coisas se acumularem;
- mantenha-se ocupado;
- escolha suas batalhas — veja as coisas em perspectiva e não se preocupe com trivialidades;
- coopere com o inevitável — não se preocupe com o passado, foque no futuro;
- conte suas bênçãos;
- mantenha-se saudável comendo direito, exercitando-se e dormindo o suficiente;
- encontre momentos de alívio no humor e ria com frequência;
- dê aos outros;
- socialize com pessoas positivas;
- mime-se — mas não seja indulgente.

A vida é curta, que seja ótima!

E seis passos para manter a calma:

- seja racional. Conheça seus pensamentos e emoções e escreva, no papel ou e-mail, dizendo o que lhe passa pela cabeça. Mas não envie;
- peça dados. Leve a situação para alguém imparcial e peça um ponto de vista honesto;
- mexa-se. Dê uma volta ou faça atividade física;
- reflita. Observe a situação do ponto de vista do outro e pense em como poderia contribuir;
- consulte seu travesseiro. Revise suas anotações ou e-mail de manhã e decida se a situação vale a energia que consome ou se é algo para se deixar para lá;
- escolha suas batalhas. Deixe para lá ou enfrente a situação.

Ao lidar com pessoas, lembre-se de que você não está lidando com criaturas de lógica, e sim com criaturas de emoção.

DALE CARNEGIE

PARTE V

DESENVOLVA SEU CONJUNTO DE HABILIDADES

CAPÍTULO DEZENOVE

Ser multitarefa pode ser ótimo — quando funciona

Com a tecnologia que muda à velocidade da luz, o aumento de nossa carga de trabalho diária e as demandas provenientes de várias fontes, o aumento da produtividade está na ordem do dia. O resultado é que ser multitarefa se tornou uma necessidade para ser bem-sucedido nos negócios. De fato, para a maioria de nós, a multitarefa se tornou uma segunda natureza. Mas, estamos fazendo a coisa direito?

> *À noite, meu computador fica ligado e mensagens instantâneas ficam pulando na tela enquanto faço o jantar. É uma maneira fácil de responder a perguntas e solicitações enquanto faço todo o resto que preciso fazer.*
>
> ANNE ALTMAN,
> DIRETORA ADMINISTRATIVA DA IBM

A vida é curta, que seja ótima!

Quatro mitos da multitarefa

- **É possível fazer mais de uma coisa por vez**

Segundo pesquisas feitas por neurologistas, quando fazemos duas coisas simultaneamente, o cérebro as processa em uma sequência linear estrita. Hal Pashler, professor de psicologia da Universidade da Califórnia em San Diego, conduziu um experimento no qual testou a capacidade do cérebro de responder a dois sons diferentes em rápida sucessão. Ele descobriu que o cérebro para de maneira fracionada antes de responder ao segundo estímulo. O segundo som é ouvido, mas organizar uma resposta requer tempo, mesmo que sejam milissegundos. Além disso, a pesquisa mostrou que o hábito dos estudantes de aprender ou estudar ouvindo música afeta negativamente o aprendizado.

- **As mulheres são melhores em multitarefa que os homens**

Esse mito começou com uma análise de donas de casa e de gênero. Como as mulheres mais comumente trabalhavam em casa, presumiu-se que elas são melhores com multitarefas, ou com alternância de tarefas. Essa suposição foi levada ao ambiente de trabalho e, na verdade, a capacidade de alternar entre tarefas não é necessariamente uma habilidade natural nas mulheres. Essa habilidade não é específica de gênero. Algumas pessoas fazem isso com frequência e naturalmente; outras só quando necessário.

Ser multitarefa pode ser ótimo — quando funciona

- **Multitarefa leva ao esgotamento**

Provavelmente, o número de horas passadas trabalhando, o ritmo de trabalho e o equilíbrio entre lazer e trabalho desempenham um papel mais importante no esgotamento que a execução de várias tarefas ou a alternância entre uma variedade de tarefas.

- **As pessoas nascem com capacidade para multitarefa**

A capacidade de executar várias tarefas, ou de alternar entre várias tarefas e atividades, é mais natural para algumas pessoas que para outras. No entanto, muito tem a ver com nossa função, com a quantidade e o tipo de responsabilidades que nos são delegadas, o número de horas disponíveis para o trabalho e a qualidade do que devemos entregar.

> *Quando você estuda exatamente o que o cérebro das pessoas faz a qualquer momento, vê menos processamento simultâneo do que se imagina. A atividade cerebral tem mais a ver com uma operação de compartilhamento de tempo. Quando frações de segundos são importantes, é melhor não realizarmos outra tarefa.*
>
> HAL PASHLER, PROFESSOR DE PSICOLOGIA DA UNIVERSIDADE DA CALIFÓRNIA, SAN DIEGO

A vida é curta, que seja ótima!

MULTITAREFA EXCESSIVA	MULTITAREFA EFICAZ	COMPARTIMENTA-LIZAÇÃO EXCESSIVA
Tende a "improvisar", sem plano, metas, cronograma ou prioridades	Tende a planejar com antecedência e ser disciplinado em relação às prioridades, focando na tarefa e nos objetivos	Tende a planejar demais e ser muito estruturado
Tende a abarcar mais do que pode e a pôr as mãos em tudo	Tende a assumir só o que sabe que pode realizar	Tende a subestimar a quantidade de trabalho que pode realizar
Pode deixar de fazer coisas e a qualidade do trabalho pode sofrer	Possui um sistema para acompanhar os projetos inacabados, oferece alta qualidade de trabalho e cumpre prazos	Tende a focar excessivamente nos detalhes, a ser meticuloso e perfeccionista
Gosta de estar no controle e tem dificuldade para pedir ajuda, delegar, capacitar e soltar	Tende a pedir ajuda, delegar, capacitar e soltar, conforme necessário	Tende a pensar que é o único capaz de realizar a tarefa
Tende a ser muito flexível e diz "sim" a tudo	Tende a exercitar o bom senso, toma boas decisões e é flexível quando necessário	Tende a ser inflexível e evita tarefas extras a fim de garantir o cumprimento
Muitas vezes parece desorganizado e caótico	Tende a ser organizado e fazer bom uso do tempo	Parece altamente organizado e não gosta de interrupções não programadas
Sua atenção tende a ser curta, é preocupado e incapaz de se concentrar ou focar	Tende a se concentrar ou focar na tarefa em questão	Tende a se concentrar ou focar ignorando os outros

Ser multitarefa pode ser ótimo — quando funciona

Pode perder de vista o todo	Permanece calmo e mantém a visão do todo	Tende a negligenciar todo o resto, menos o todo
Tende a focar na quantidade versus qualidade do trabalho	Tende a dar igual importância à quantidade e à qualidade do trabalho	Tende a pôr mais ênfase na qualidade do trabalho que na quantidade

Quinze princípios para o sucesso em multitarefas

1. **Cada um é cada um:** não existe uma maneira certa de realizar várias tarefas. Jogue com seus pontos fortes e escolha a tática que seja melhor para você. Algumas pessoas precisam separar um tempo e trabalhar sem distrações. Outras prosperam com interrupções e são mais eficientes ao lidar com elas em tempo real.
2. **Cada um é cada um:** não existe uma maneira certa de realizar várias tarefas. Jogue com seus pontos fortes e escolha a tática que seja melhor para você. Algumas pessoas precisam separar um tempo e trabalhar sem distrações. Outras prosperam com interrupções e são mais eficientes ao lidar com elas em tempo real.
3. **Organize-se e mantenha-se organizado, tanto física quanto mentalmente:** quanto mais organizados nos sentimos, melhor nossa capacidade de concentração e foco. Livre-se da bagunça e tire de sua mesa tudo que não seja pertinente a seus objetivos do dia.
4. **Pense à frente:** planeje cada dia, use um calendário ou uma agenda para criar uma programação e deixar clara sua disponibilidade. Use cronômetros ou alarmes para seguir o máximo possível sua programação. Inclua diariamente uma variedade de atividades; evite o tédio e procure interrupções e desvios de foco.

5. **Primeiro priorize as metas e depois compartimente:** discrimine priorizando o tempo para as atividades principais. Re serve o tempo para tarefas urgentes e deixe para depois do horário as atividades não urgentes. Alterne entre projetos menores e outros demorados para ter uma sensação de realização. Divida projetos grandes em estágios, identificando bons pontos para parar e alternar tarefas. Esteja vigilante e seja disciplinado com seus objetivos e prioridades.
6. **Seja honesto consigo mesmo:** conheça seus limites — quando você pode e não pode alternar tarefas. Dê toda sua atenção às tarefas críticas que exigem concentração total. Tenha um espaço separado designado para trabalhar em projetos de alta prioridade e afaste-se do celular e dos e-mails e mensagens.
7. **Não exagere:** mantenha o controle de seu dia e aprenda a dizer não com diplomacia e tato. Use o encaminhamento de chamadas e desative os alertas de e-mail em seu computador ao trabalhar em projetos críticos que exijam concentração total.
8. **Mantenha uma atitude positiva e permaneça flexível:** espere o inesperado, mantenha a calma e tenha paciência quando distrações aparecerem. Confie em suas experiências passadas para lidar com o inesperado. Se a coisa não puder ser encaixada em sua programação para ser resolvida mais tarde, anote onde parou, resolva a situação e volte ao que estava fazendo.
9. **Use pausas e interrupções para seu benefício:** dê um passo para trás, adquira perspectiva, pense criativamente, revise e recompense o progresso que já fez.
10. **Seja criativo para maximizar a eficiência:** saiba quando você pode economizar tempo agrupando atividades.

Ser multitarefa pode ser ótimo — quando funciona

Otimize seu tempo e maximize sua produtividade, aproveitando ao máximo os momentos de espera e os atrasos e combinando tarefas automáticas ou de rotina.

11. **Não desperdice seu poder cerebral:** entenda todos os recursos tecnológicos e use-os. Simplifique sua vida e automatize as tarefas o máximo possível (por exemplo, discagem rápida, atalhos de teclado etc.). Mantenha sempre à mão os recursos usados com frequência. Invista em dispositivos que economizem tempo no escritório e em casa.
12. **Lembre-se de suas habilidades de relações humanas e faça das pessoas sua principal prioridade:** seja cortês e demonstre respeito, dando às pessoas sua atenção total. A coisa mais importante a saber sobre a tecnologia é quando desligá-la.
13. **Prática:** a troca de tarefas requer a reinicialização do cérebro a cada vez. Se treinar, isso pode se tornar mais automático e menos estressante.
14. **Divida:** aprenda a pedir ajuda, delegar, capacitar e deixar de lado as tarefas que você não precisa realizar pessoalmente. Mantenha abertas as linhas de comunicação e certifique-se de que colegas e membros de sua equipe estejam no circuito para que possam aliviar melhor sua carga.
15. **Mantenha-se saudável:** deixe sua mente reinicializar, desacelerar e respirar para ser mais eficiente e realizar mais em menos tempo. Podemos canalizar nossa energia de maneira mais eficaz quando comemos bem, quando estamos hidratados e fazemos uma pausa para alongar e nos exercitar.
16. **Revise todos os dias e analise onde o tempo foi gasto:** observe oportunidades de melhoria na produtividade. Reserve 15 minutos no final do dia para pensar no dia seguinte e preparar seu plano de ataque.

A vida é curta, que seja ótima!

Combine tarefas para aumentar a eficiência

- Faça backup do computador ao sair de casa ou do escritório para almoçar ou ir a uma consulta ou reunião.
- Rode o antivírus ao sair do escritório durante o dia.
- Ouça um audiolivro enquanto dirige.
- Use um gravador viva-voz para registrar pensamentos ou ditar uma carta enquanto dirige.
- Leia enquanto anda na esteira ou na bicicleta ergométrica.
- Assista ao noticiário ou ouça música ou um audiolivro enquanto se exercita.
- Mantenha relacionamentos caminhando ou correndo com um amigo ou parente.
- Realize tarefas leves (tirar o pó, regar as plantas etc.) enquanto assiste à televisão.
- Faça o jantar em uma panela de cozimento lento (crock-pot) enquanto estiver no trabalho.
- Assista à televisão ou ouça música ou um audiolivro enquanto cozinha.
- Embrulhe presentes ou recorte cupons enquanto assiste à televisão.

Tirai prestes as vantagens destas horas.

WILLIAM SHAKESPEARE

CAPÍTULO VINTE

Foque na grandeza que você deseja

Maneiras de se concentrar e focar

Pense no cérebro como um computador. Não é verdade que, quando trabalhamos em vários programas, com inúmeras janelas abertas na tela, nosso computador tende a ficar lento ou até travar? Segundo pesquisas, a mesma coisa acontece com nosso cérebro. Quando realizamos várias tarefas que exigem nossa atenção total, nosso cérebro fica sobrecarregado. Para alternar tarefas com êxito, o cérebro deve reunir os recursos necessários para executar a nova tarefa, desligando ou inibindo as demandas da anterior. Mas, como focar nessa única tarefa se temos tantas outras esperando para serem realizadas? Use a sigla FOCOS para ajudá-lo a se concentrar só na tarefa a sua frente:

A vida é curta, que seja ótima!

F	**Filtros.** Remova todos os filtros externos, como ruídos e odores que possam ser uma distração. Foque no momento, evitando distrações e interrupções. Use antolhos e protetores auriculares, se necessário.
O	**Organize seu espaço.** Dê atenção à logística — iluminação, ventilação, cadeira confortável etc. Quanto mais organizados formos, menos nos preocuparemos com esquecer de fazer coisas. Quanto mais confortáveis nos sentirmos, melhor poderemos nos concentrar.
C	**Confie na memória auxiliar.** Esteja atento para registrar tudo, usar uma agenda ou calendário para fazer sua programação e o backup desses registros. Depois de escrever algo ou gravá-lo eletronicamente, você nunca o esquecerá. Isso nos permite compartimentar, tirar coisas da cabeça, mergulhar e focar puramente na tarefa em questão.
O	**Objetivo em mente.** Entenda o que precisa ser feito, divida-o em pedaços de tamanho administrável e defina limites de tempo ou pontos de quebra, tendo sempre em mente o objetivo final e o que lhe trará, e se recompense por concluir cada parte da tarefa.
S	**Sempre atento.** Aja como se você fosse um revisor e visse o projeto ou a tarefa como se fosse a primeira ou a última vez. Desafie-se a aprender algo novo.

Um modelo para organizar e priorizar

Em um dia típico, como adulto responsável, dentro ou fora de um escritório, nós nos preocupamos com atividades tanto focadas no *passado* quanto no *presente* e no *futuro*. Os três são intrínsecos à produtividade e sucesso e não há um valor certo ou errado associado a eles. Não é melhor ou pior dedicar tempo a uma atividade focada no futuro que a uma atividade focada no passado. Ambas são absolutamente necessárias.

A decisão que precisamos tomar é para onde direcionar nossa energia em dado momento. Por exemplo, o controle das despesas domésticas do mês passado, ou do desempenho das vendas, é focado no passado, ao passo que o orçamento para o próximo trimestre é focado no futuro. Ambos são relacionados a finanças e contabilidade, e os dois últimos podem muito bem estar interconectados, mas olhando em direções opostas.

As atividades focadas no presente são as que estão ao alcance imediato de nossa visão e audição. Chamadas telefônicas e compromissos presenciais se enquadram nessa categoria. Mesmo para um mesmo tema, existem atividades passado-presente-futuro.

Vamos focar no aspecto profissional. Eis aqui algumas atividades:

FOCO PASSADO	FOCO PRESENTE	FOCO FUTURO
Análise de rotatividade	Treinamento	Planejamento de sucessão
Gestão de expectativas	Atendimento às expectativas	Definição de expectativas

Por que esse modelo funciona?

Usar o passado-presente-futuro como um modelo de organização é um meio simples de determinar o que precisa ser realizado hoje nas três categorias. Pensando cuidadosamente em cada um desses momentos — passado, presente e futuro —, podemos nos assegurar de que estamos organizados e adequadamente preparados.

A vida é curta, que seja ótima!

Depois de situar todas as nossas atividades e tarefas nessas categorias, a questão é priorizá-las: o que deve ser realizado primeiro em cada categoria?

Foco no passado:

O que preciso consertar?
A que mensagens preciso responder?
Que relatórios preciso fazer ou revisar?
Quem está aguardando meu contato de seguimento?

Foco no presente:

Que reuniões estão em minha agenda hoje?
Que questões urgentes surgiram hoje?
Qual é minha agenda de viagens ou deslocamento hoje?
Que prazos devo cumprir hoje?

Foco no futuro:

Que providências (viagens, convites, férias, conferências etc.) preciso tomar?
Quais projetos ou propostas preciso preparar?
Que prazos estão chegando?

Priorização

Vejamos alguns obstáculos para lidar com prioridades concorrentes:

Foque na grandeza que você deseja

- falta de foco e motivação;
- ficar atolado em minúcias;
- constantes interrupções e distrações;
- coisas demais para fazer em muito pouco tempo;
- poucos recursos para realizar a tarefa;
- poucas habilidades de planejamento e organização;
- tendência à procrastinação;
- incapacidade de estabelecer prioridades e ater-se ao cronograma;
- incapacidade de delegar efetivamente;
- incapacidade de tomar decisões oportunas;
- reuniões demoradas e ineficazes.

O essencial da priorização

1. **Registre todas as atividades:** anote todas as suas múltiplas demandas, prioridades, tarefas e atividades para o dia ou a semana.

2. **Determine objetivos principais:** liste seus objetivos principais para o dia ou a semana.

3. **Aplique a regra 80/20:** determine quais são os 20% das atividades que renderão 80% dos resultados, aproximando você de seus objetivos.

4. **Avalie importante *vs.* urgente:** decida quais dessas atividades são as mais importantes *versus* as mais ur-

gentes. Nesse estágio, leve em consideração como certos itens afetam os outros e as consequências de não realizar determinadas tarefas (por exemplo, alguém pode depender de algo que façamos para realizar seu trabalho).

5. **Classifique:** use um sistema de classificação para começar o planejamento. Por exemplo:

- as tarefas "A" têm alta prioridade e devem ser concluídas imediatamente;
- as tarefas "B" têm importância moderada, mas podem ser realizadas após as tarefas "A";
- as tarefas "C" são de baixa importância e podem ser realizadas em nosso tempo livre.

6. **Crie um cronograma:** indique os prazos para cada tarefa e estime o tempo necessário para concluí-las. Monte uma agenda tendo em mente as tarefas que podem ser vinculadas entre si para aumentar a produtividade. Por exemplo, é possível associar algo de menor prioridade a algo de maior importância?

7. **Revise metas:** reveja seus objetivos e as recompensas de realizar a tarefa no prazo e faça os ajustes necessários.

8. **Elimine:** livre-se dos itens que estão no fim da lista e que, realisticamente, não serão concluídos.

CAPÍTULO VINTE E UM

Organização para uma vida ótima

Foco é o que a lupa usa para pôr fogo no jornal. É o oposto de estar em todo lugar ao mesmo tempo, deixando mensagens confusas por todo lado. Esforços dispersos produzem resultados dispersos e incertos. Controlar nossos esforços é a única maneira de obter sucesso em qualquer coisa.

Foco gera organização. Ou é o contrário? De qualquer maneira, somente organizando nossas agendas, nossa vida diária e nosso trabalho, com foco nos resultados, poderemos enfrentar os desafios que todos enfrentamos hoje de assumir responsabilidades altamente detalhadas, viver situações em constante mudança no trabalho ou não, e abarcar escopos de controle cada vez maiores.

Organização permite foco

À medida que progredimos na vida e adquirimos mais autoridade, a organização e a priorização de responsabilidades diárias, semanais e mensais se tornam progressivamente mais exigentes.

A vida é curta, que seja ótima!

Em casa e no trabalho, todos temos necessidade de acompanhar as obrigações, os projetos, de prestar atenção nos detalhes, determinar o status atual e o planejamento futuro.

Sólidas habilidades de organização e priorização são características altamente admiradas, dentro ou fora do trabalho. Ao fortalecer essas habilidades, fortalecemos nossa imagem na sociedade, na família e na empresa.

Algumas pessoas não querem ser muito arrumadas e organizadas. Quase pensam que muita organização é contrária à sua imagem. Elas conseguem encontrar as coisas em seu escritório, mesmo que tudo pareça empilhado e desorganizado. Na verdade, prosperam com a energia e o risco de parecer um caos. Para essas pessoas, dedicar tempo para desenvolver hábitos de trabalho organizados parece quase mesquinho em comparação com a urgência e a importância das tarefas a realizar. O caos se torna uma espécie de distintivo de honra e prova que elas são indispensáveis.

Nós que nos orgulhamos de defender "um lugar para cada coisa e cada coisa em seu lugar" não conseguimos entender como é possível realizar alguma coisa assim. O caos parece não apenas incompreensível, mas quase perigoso. Pensamos em quanto essas pessoas poderiam alcançar se pelo menos limpassem sua mesa de trabalho. No entanto, toda vez que pedimos algo a uma dessas pessoas, magicamente elas fazem aparecer o que pedimos do meio das pilhas de papéis naquela mesa.

Isso representa diferenças de estilo, personalidade e condução; não representa diferença entre pessoas boas e pessoas más. Mas, em geral, somos rápidos para julgar o estilo de organização pessoal dos outros.

Organização para uma vida ótima

Existem quatro razões convincentes para ser mais organizado:

- causamos uma melhor impressão nos outros. Mesmo quando nosso próprio estilo organizacional tende ao caos, secretamente admiramos aqueles que são consistentemente bem organizados e eficientes. A habilidade organizacional é uma qualidade altamente admirada, e a maioria de nós aspira a ser melhor do que é;
- nós nos sentimos menos estressados. Embora a formação de novos hábitos organizacionais possa, por si só, ser estressante, o benefício final é sentir menos ansiedade e mais tranquilidade. Pegar o caos e transformá-lo em prioridades organizadas tem um efeito calmante sobre nós;
- seguimos em direção a nossas metas de profissionalismo. Muitas pessoas são motivadas a ser bons profissionais e respeitadas no âmbito de negócios. Por sua vez, isso normalmente abre oportunidades para progressão na carreira. Nossas habilidades organizacionais têm cada vez mais valor quando aceitamos mais responsabilidades;
- nossa organização, em geral, facilita o trabalho dos outros.

Faça uma avaliação organizacional

Avalie como as seguintes afirmações são verdadeiras com base na escala:

1 — Sempre
2 — Às vezes
3 — Quase nunca

A vida é curta, que seja ótima!

___ Consigo encontrar as coisas necessárias com facilidade e rapidez.
___ Tenho uma lista de prioridades diárias.
___ Sou minucioso em meus planos de seguimento.
___ Programo minhas atividades com dias de antecedência.
___ Posso absorver as crises de hoje em minhas prioridades.
___ Chego às reuniões bem preparado.
___ Analiso as prioridades de cada dia na noite anterior.
___ Minha área de trabalho é, em geral, organizada.
___ Cumpro prazos sem ter que fazer tudo de última hora.
___ Meus colegas, amigos e familiares me consideram bem organizado.
___ Sou visto como uma pessoa focada em prioridades.
___ Evito ser, via de regra, multitarefas.
___ Tenho equilíbrio quando se trata de trabalho, família, amigos e vida social.
___ Confirmo reuniões e compromissos com uma a duas horas de antecedência.
___ Chego cedo às reuniões.

Quanto maior o total de pontos, mais você precisa se comprometer com a organização e a priorização.

Sugestões de Dale Carnegie sobre a organização de nossa agenda

Reserve 25% de tempo a mais para cada atividade diária: por exemplo, se tiver uma reunião de duas horas às 10h, reserve na agenda das 9h45-12h15. Assim, sua programação não será tão facilmente interrompida por atrasos e interrupções.

Todas as noites, revise sua programação e prioridades para o dia seguinte: isso ajuda a começar todas as manhãs de maneira eficiente em termos de tempo, e a descansar mais à noite. É um bom momento para usar a organização de atividades em passado-presente-futuro.

Confirme as reuniões uma ou duas horas antes da hora programada: se houver uma alteração no horário da reunião, você terá tempo suficiente para fazer ajustes no cronograma e concluir outras prioridades. E isso também é uma cortesia para com os outros envolvidos e demonstra seu compromisso com a organização.

Programe todas as atividades: esse tipo de programação propicia períodos ininterruptos de esforço concentrado nas prioridades. Requer autodisciplina e cooperação dos colegas. Ao trabalhar em uma tarefa com horário rígido predeterminado, você elimina todas as outras distrações. Se possível, desligue celulares, esqueça e-mails e internet.

Sugestões para organizar suas atividades e projetos de trabalho

Não deixe as coisas onde não é o lugar delas: às vezes, às pressas, deixamos algo em um canto, na pilha errada de papéis, ou até mesmo na sala errada. Isso resulta em uso ineficiente do tempo, pois teremos que procurar coisas que não estão onde deveriam estar e tentar realizar tarefas em meio a uma crescente confusão.

Dedique alguns minutos todos os dias para recolher e organizar a bagunça: isso impede que você tenha que dedicar muito tempo a grandes limpezas. Desordem pertence a uma área designada, ou à lixeira.

De manhã, foque em sua primeira prioridade: não faça mais nada enquanto não concluir essa. Isso reduz o estresse de carregar prioridades inacabadas pelo resto do dia. Peça a um membro da família ou a um colega para apoiá-lo nesse esforço, evitando interrupções.

Evite a multitarefa, se possível: diversos estudos mostram que a multitarefa pode ser menos eficiente e torna as coisas mais complicadas, o que, por sua vez, deixa-nos mais propensos ao estresse e a cometer erros.

Tire tudo de sua mesa, menos sua prioridade atual: às vezes, para clarear a mente e focar, precisamos limpar nosso campo de visão e remover as distrações. Mesmo que isso signifique simplesmente tirar algo da mesa e pôr em cima de um arquivo ou outro lugar, teremos pelo menos uma mesa limpa para trabalhar e uma visão organizada.

Dicas para organizar nossa vida

Use uma "ferramenta de captura": uma ferramenta de captura, como uma caderneta ou PDA, pode ser usada para registrar instantaneamente ideias, dados ou lembretes. Não precisaremos confiar só em nossa memória para manter tudo nos eixos, e ficaremos tranquilos sabendo que informações importantes foram guardadas.

Busque o equilíbrio na vida: ouvimos muito falar sobre equilíbrio entre trabalho e lar. Avancemos ainda mais e dividamos nosso tempo com serviços comunitários, exercícios físicos, socialização ou hobbies. Dedicar tempo a outras áreas da vida nos dá espaço para respirar e esquecer as pressões do dia a dia.

Combine sua agenda pessoal e profissional em um planner: assim, você poderá ver depressa todas as suas obrigações. E evitará o estresse de acidentalmente agendar duas coisas para o mesmo horário porque não estava com a agenda pessoal ou a profissional. Essa também é uma boa maneira de ver sua organização geral da vida e observar a quantidade de equilíbrio que está alcançando.

Chegue cedo a cada evento do dia: praticamente não há desvantagem em chegar cedo aos eventos programados. Sempre podemos usar o tempo extra para retornar ligações, concluir uma atividade prioritária ou apenas descansar por alguns minutos. Imagine uma vida em que nunca chegue em cima da hora, ou pior, atrasado.

Procrastinação, o sabotador sorrateiro

> *Tenho observado que a maioria das pessoas progride durante o tempo que outras desperdiçam.*
>
> Henry Ford

A vida é curta, que seja ótima!

O interessante da procrastinação é que ela parece ter o objetivo de tornar nossa vida mais agradável, mas pode aumentar o estresse. Quando a procrastinação sabota nosso sucesso, porque, na verdade, procuramos distrações não relacionadas ao nosso trabalho ou esperamos até o último minuto para concluir um projeto gigantesco, o estresse é inevitável.

Por outro lado, ela define limites de tempo para fazer algo não relacionado à tarefa em questão, para fazer uma pausa que pode nos deixar mais motivados e focados.

Fazer algo criativo pode ajudar as coisas a fluírem, a encontrar soluções para problemas e superar obstáculos.

As causas e a dinâmica de adiar uma tarefa importante ou desagradável variam de pessoa para pessoa, e de tarefa para tarefa na mesma pessoa. Por exemplo, alguém pode demorar para elaborar um relatório de despesas, mas preenche uma avaliação de desempenho imediatamente.

Causas comuns da procrastinação:

- sentir-se sobrecarregado por objetivos não realistas;
- não ter visão do objetivo ou não acreditar nele;
- ter medo do fracasso ou do sucesso;
- ser muito duro consigo mesmo;
- ser perfeccionista;
- ser incapaz de se concentrar;
- não ter foco e disciplina;
- não ter motivação;
- não se sentir valorizado ou reconhecido.

A espiral descendente da procrastinação

Primeiro, precisamos alcançar um resultado.

Segundo, adiamos e racionalizamos, inventando vantagens para começar mais tarde.

Terceiro, adiamos cada vez mais, até que, por fim, a tarefa tem que ser realizada, em geral às pressas.

Quarto, repetimos o processo, pois sabemos que vai dar certo.

Dicas para vencer a procrastinação

- Faça e pronto. A solução óbvia é simplesmente executar a tarefa o mais rápido possível, enquanto tem tempo suficiente para fazê-la direito.
- Pare de se recompensar por adiar as coisas, por se livrar da tarefa ou pedir para alguém fazer seu trabalho por você.
- Lembre-se de que uma lista de prioridades, uma programação diária e um simples procedimento de manutenção de registros e recompensas farão maravilhas.
- Reconheça e mude pensamentos e atitudes negativas acerca da tarefa. Pense no prazer e no alívio de realizar o trabalho.
- Divida trabalhos grandes em tarefas administráveis e comece. Planeje-se para trabalhar só cinco minutos no projeto, e você vai descobrir que trabalhou mais do que o planejado.
- Faça as coisas mais difíceis primeiro.
- Incentive a si mesmo. Crie motivação e entusiasmo para o trabalho. Converse com as pessoas certas e sinta-se energizado de novo.

CAPÍTULO VINTE E DOIS

É ótimo conquistar amigos e influenciar pessoas

Dale Carnegie, famoso autor de *Como fazer amigos e influenciar pessoas,* era mestre nesse assunto. Ele fez uma lista de doze maneiras de influenciar pessoas.

1. Mantenha uma atitude positiva. Não leve a resistência para o lado pessoal. Resistência ou objeções simplesmente evidenciam a necessidade de mais informações.
2. Esteja preparado e atento. Observe como o outro usa as palavras para transmitir ideias, e então, fale a língua dele.
3. Demonstre paixão e fale com sincera convicção.
4. Crie uma zona de segurança fazendo perguntas, reconhecendo preocupações e reformulando o ponto de vista do outro.
5. Encontre algo positivo e construa sobre ele.
6. Explique e fale em termos do ponto de vista da outra pessoa. Pinte uma imagem ou faça declarações que sejam concebíveis e críveis.

7. Capte a atenção fazendo que seu ponto de vista seja: interessante e inteligente; valioso e claro; importante e vital; útil, relevante e aplicável.
8. Apele aos motivos mais nobres.
9. Represente, dramatize suas ideias.
10. Lance desafios.
11. Envolva a pessoa relutante, colaborando com ela. Ou simplesmente diga: "Preciso de sua ajuda."; "O que você acha?"; "Vamos tentar e ver como funciona".
12. Peça apoio e aperte as mãos para selar acordos.

> *Todas as pessoas que você encontra têm uma placa em volta do pescoço que diz: 'Faça eu me sentir importante'. Se puder fazer isso, você será um sucesso não só nos negócios, mas também na vida.*
>
> Mary Kay Ash, fundadora da
> Mary Kay Cosmetics

Faça comentários sobre pontos fortes

Comentários sobre pontos fortes devem fazer parte do repertório de todos os líderes e ser usados com frequência e de maneira genuína.

Dale Carnegie usa quatro elementos para formar o que ele chama de Declaração Suprema:

- Elogie — seja específico e genuíno
- Ilustre — use exemplos

A vida é curta, que seja ótima!

- Dê sugestões — sugira como tal qualidade ajudará a pessoa
- Reforce — finalize com uma declaração positiva

Vejamos um exemplo de uma Declaração Suprema:

"A pessoa a quem vou entregar este certificado agora ilumina a sala com seu sorriso o dia todo (Elogio). Durante o intervalo, ela veio se apresentar a mim (Ilustração). Acho que essa qualidade dela continuará a ajudando a se tornar uma grande líder (Sugestão). Ela foi um grande trunfo para a turma hoje (Reforço). Por favor, ajude-me a receber Susan Jones!"

Venceremos o mundo compartilhando a glória

> *Ninguém alcança o sucesso sem reconhecer a ajuda dos outros. Os sábios e confiantes reconhecem essa ajuda com gratidão.*
>
> ALFRED NORTH WHITEHEAD

Compartilhar a glória não é apenas uma coisa agradável a fazer pelas pessoas. É um poderoso motivador que reforça e recompensa os resultados mais importantes que as pessoas criam, no trabalho, na sociedade ou na família. Quando reconhecemos as pessoas de maneira eficaz, reforçamos as ações e comportamentos que queremos que mais se repitam. Compartilhar a glória é um reforço simples, imediato e poderoso.

Princípios para compartilhar a glória

1. **Procure o melhor nos outros:** Dale Carnegie disse que qualquer tolo pode criticar, e a maioria dos tolos critica! É preciso ser uma pessoa excepcional para sempre ver os pontos fortes dos outros, em vez de suas fraquezas. Quando tentamos honestamente ver o melhor nos outros, começamos a ver as pessoas de um ponto de vista completamente diferente e aprendemos a valorizá-las mais.

2. **Escreva:** falar a alguém sobre um ponto forte que vê nela é um gesto muito positivo. Melhor ainda, por que não o registrar por escrito? Assim, a pessoa não só poderá ler o elogio de novo, como também mostrá-lo a outros.

3. **Passe adiante:** Norman Vincent Peale escreveu: "Eu me treinei para ouvir qualquer palavra de aprovação ou elogio que um indivíduo pronuncie sobre outro e transmiti-la". Passar um elogio para frente é fácil! Simplesmente diga: "Ouvi alguém dizer algo de bom a seu respeito e concordo. Eu adoraria que você ouvisse também...".

4. **Testemunhe:** Esteja presente para testemunhar e aplaudir as realizações à medida que elas acontecem. "Compartilhar a glória" significa compartilhar a experiência, não só vê-la na distância. Quando observamos pessoalmente os outros crescendo e alcançando realizações, eles sabem que nosso reconhecimento é sincero e genuíno.

A vida é curta, que seja ótima!

Quando você ouve de outra pessoa algo agradável relacionado a si, pode escolher. Você pode absorvê-lo e deixá-lo morrer aí, ou pode desviá-lo para atingir o objetivo real.

Norman Vincent Peale

Maneiras de compartilhar a glória

- Se você estiver no trabalho, faça um esforço especial para apresentar sua equipe de suporte aos clientes e outros associados envolvidos no projeto. Se o destinatário não estiver relacionado ao trabalho, faça um grande esforço para apresentá-lo a pessoas que estejam e dê-lhe o devido crédito.
- Escreva bilhetinhos positivos e informais sobre as contribuições das pessoas ao projeto como um todo, deixando-os onde possam ser vistos.
- Informe a equipe ou colegas sobre o resultado final de projetos ou propostas.
- Inclua todos os que ajudaram nas reuniões e celebrações de encerramento, por menores que tenham sido suas contribuições.
- Reconheça as contribuições dos outros ao falar em público ou à imprensa.
- Diga às pessoas especificamente como elas contribuíram. Sinceramente, diga que são indispensáveis para o resultado final e por quê.

Apêndice A

Sobre Dale Carnegie

Dale Carnegie foi pioneiro no que hoje é chamado de Movimento do Potencial Humano. Seus ensinamentos e escritos ajudaram pessoas do mundo todo a se tornar autoconfiantes, agradáveis e influentes.

Em 1912, Carnegie deu seu primeiro curso de oratória em uma YMCA, na cidade de Nova York. Como a maioria dos cursos de oratória ministrados na época, Carnegie começou com uma aula teórica; mas, logo percebeu que os alunos estavam entediados e inquietos. Algo precisava ser feito a esse respeito.

Dale interrompeu a aula e calmamente apontou para um homem na fileira de trás; pediu que ele se levantasse e falasse de improviso sobre seu passado. Quando o aluno terminou, ele pediu que outro falasse de si, e assim por diante, até que todos na classe fizeram uma breve exposição. Com o incentivo de seus colegas de classe e a orientação de Carnegie, cada um deles superou o medo e se apresentou de maneira satisfatória. "Sem saber o que estava fazendo", relatou Carnegie mais tarde, "tropecei no melhor método para vencer o medo".

A vida é curta, que seja ótima!

Seu curso se tornou tão popular que ele foi convidado a ministrá-lo em outras cidades. Com o passar dos anos, ele continuou melhorando seu conteúdo. Ele aprendeu que os alunos estavam mais interessados em aumentar sua autoconfiança, em melhorar suas relações interpessoais, em obter sucesso profissional e em superar o medo e a preocupação. Isso resultou na mudança da ênfase do curso, que passou da oratória ao enfrentamento desses assuntos. A oratória se tornou o meio para um fim, e não o fim em si.

Além do que aprendeu com seus alunos, Carnegie se dedicou a uma extensa pesquisa sobre a abordagem à vida de homens e mulheres de sucesso. Ele incorporou isso a suas aulas, e acabou escrevendo seu livro mais famoso, *Como fazer amigos e influenciar pessoas*.

Esse livro se tornou um best-seller instantâneo, e desde sua publicação, em 1936 (e sua edição revisada em 1981), mais de 20 milhões de cópias foram vendidas. Foi traduzido para 36 idiomas. Em 2002, *Como fazer amigos e influenciar pessoas* foi considerado o "Livro de negócios nº 1 do século XX". Em 2008, a *Fortune Magazine* o listou como um dos sete livros que todo líder deveria ter em sua estante. Seu livro, *Como evitar preocupações e começar a viver*, escrito em 1948, também vendeu milhões de cópias e foi traduzido para 27 idiomas.

Dale Carnegie morreu em 1º de novembro de 1955. O obituário de um jornal de Washington resumiu sua contribuição para a sociedade: "Dale Carnegie não resolveu nenhum dos mistérios profundos do universo. Mas, talvez, mais do que qualquer pessoa de sua geração, ele ajudou os seres humanos a aprender a conviver — o que, às vezes, parece ser a maior necessidade de todas".

Apêndice A

Sobre a Dale Carnegie & Associates, Inc.

Fundada em 1912, a Dale Carnegie Training evoluiu da crença de um homem no poder do autoaperfeiçoamento para uma empresa de treinamento baseada em desempenho, com escritórios em todo o mundo. Seu foco é dar às pessoas, no trabalho, a oportunidade de aprimorar suas habilidades e melhorar seu desempenho, a fim de gerar resultados positivos, constantes e rentáveis.

O corpo de conhecimento original de Dale Carnegie é constantemente atualizado, expandido e refinado há quase um século de experiências em negócios reais. Os franqueados da Dale Carnegie em todo o mundo, com mais de 100 escritórios apenas no Brasil, prestam seus serviços de treinamento e consultoria para empresas de todos os tamanhos, em todos os segmentos de negócios, para aumentar o conhecimento e o desempenho. O resultado dessa experiência coletiva global é um reservatório em expansão de visão de negócios no qual nossos clientes confiam para gerar resultados.

Sediada em Hauppauge, Nova York, a Dale Carnegie Training está representada em todos os cinquenta estados norte-americanos e mais de 75 países. Os instrutores apresentam os programas de treinamento da Dale Carnegie em mais de 25 idiomas. O Dale Carnegie Training é dedicado a servir a comunidade empresarial em todo o mundo. De fato, aproximadamente 7 milhões de pessoas já concluíram o treinamento Dale Carnegie.

O treinamento Dale Carnegie enfatiza princípios e processos práticos, projetando programas que oferecem às pessoas

A vida é curta, que seja ótima!

o conhecimento, as habilidades e as práticas necessárias para agregar valor a seu negócio. Conectando soluções comprovadas a desafios do mundo real, a Dale Carnegie Training é reconhecida internacionalmente como líder em trazer à tona o melhor das pessoas.

Entre os graduados desses programas estão CEOs de grandes corporações, proprietários e gestores de empresas de todos os tamanhos e de todas as atividades comerciais e industriais, líderes legislativos e executivos de governos e incontáveis indivíduos que tiveram sua vida enriquecida por essa experiência.

Em uma pesquisa global, acerca da satisfação do cliente, 99% dos graduados da Dale Carnegie Training expressaram satisfação com o treinamento que receberam.

Apêndice B

Princípios de Dale Carnegie

Para se tornar uma pessoa mais amigável:

1. Não critique, não condene nem reclame.
2. Dê uma opinião honesta e sincera.
3. Desperte no outro um desejo vivo.
4. Torne-se genuinamente interessado em outras pessoas.
5. Sorria.
6. Lembre-se de que o nome de uma pessoa é, para ela, o som mais doce em qualquer idioma.
7. Seja um bom ouvinte. Incentive os outros a falar de si mesmos.
8. Fale com base nos interesses do outro.
9. Faça o outro se sentir importante — com sinceridade.
10. Para tirar o melhor proveito de uma discussão, evite-a.
11. Mostre respeito pela opinião do outro. Nunca diga a uma pessoa que ela está errada.
12. Se você estiver errado, admita depressa, enfaticamente.
13. Comece de uma maneira amigável.
14. Consiga que o outro diga "sim" imediatamente.
15. Deixe o outro falar bastante.
16. Deixe o outro sentir que a ideia é dele.

17. Tente honestamente ver as coisas do ponto de vista do outro.
18. Seja solidário com as ideias e desejos do outro.
19. Apele aos motivos mais nobres.
20. Represente, dramatize suas ideias.
21. Lance desafios.
22. Comece com elogios e reconhecimento honestos.
23. Chame a atenção indiretamente para os erros das pessoas.
24. Fale de seus próprios erros antes de criticar o outro.
25. Peça as coisas, em vez de dar ordens diretas.
26. Não humilhe os outros.
27. Elogie a mínima melhoria e cada uma. Seja "caloroso em sua aprovação e generoso em seu elogio".
28. Dê ao outro uma boa reputação segundo a qual viver.
29. Use incentivo. Faça que o erro pareça fácil de corrigir.
30. Garanta que o outro esteja feliz por fazer o que você sugere.

Para vencer a preocupação:

1. Foque no agora.
2. Como enfrentar problemas:
   a) Pergunte a si mesmo: "Qual é a pior coisa que pode acontecer?".
   b) Prepare-se para aceitar o pior.
   c) Tente melhorar o pior.
3. Lembre-se do preço exorbitante em termos de saúde que você pode ter que pagar por causa de preocupações.

Técnicas básicas para analisar a preocupação:

1. Reúna todos os fatos.
2. Pese todos os fatos — depois, tome uma decisão.

Apêndice B

3. Quando tomar uma decisão, aja!
4. Escreva e responda às seguintes perguntas:
   a) Qual é o problema?
   b) Quais são as causas do problema?
   c) Quais são as soluções possíveis?
   d) Qual é a melhor solução possível?

*Para acabar com o hábito de se preocupar
antes que ele acabe com você:*

1. Mantenha-se ocupado.
2. Não se preocupe com bobagens.
3. Use a lei das médias para banir suas preocupações.
4. Coopere com o inevitável.
5. Decida quanta ansiedade uma coisa pode merecer e recuse--se a lhe dar mais.
6. Não se preocupe com o passado.

*Para cultivar uma atitude mental
que lhe propicie paz e felicidade:*

1. Encha sua mente com pensamentos de paz, coragem, saúde e esperança.
2. Nunca tente se vingar de seus inimigos.
3. Espere sempre ingratidão.
4. Conte suas bênçãos, não seus problemas.
5. Não imite os outros.
6. Tente lucrar com suas perdas.
7. Crie felicidade para os outros.

Este livro foi composto na tipografia
Minion Pro, em corpo 11,5/16, e impresso em
papel off-white no Sistema Digital Instant Duplex
da Divisão Gráfica da Distribuidora Record.